Ein Jahr voller Duft

ECON Geschenkbuch

Die Autorin

Jane Graysons Vater besaß eine Gärtnerei, und so begann ihre Liebe zu Kräutern und Blumen schon als Kind. Nach historischen und wissenschaftlichen Studien zu den Themen Aromatherapie, traditionelle chinesische Massage und Farbentherapie leitet sie heute eine florierende Praxis für Ganzheitstherapie in London.

Jane Grayson

Ein Jahr voller Duft

Aroma-Öle für jedes Sternzeichen

Aus dem Englischen von
Nicole Terwort

ECON Taschenbuch Verlag

Deutsche Erstausgabe

© 1995 by ECON Taschenbuch Verlag GmbH, Düsseldorf
© 1993 by Jane Grayson
First published in Great Britain by The Aquarian Press
Titel des englischen Originals: The Fragrant Year
Aus dem Englischen übersetzt von: Nicole Terwort
Umschlaggestaltung: Theodor Bayer-Eynck, Berlin
Titelabbildung: Bildagentur Mauritius
Lektorat: Katy Albrecht
Gesetzt aus der Goudy
Satz: HEVO GmbH, Dortmund
Druck und Bindearbeiten: Ebner Ulm
Printed in Germany
ISBN 3-612-27502-X

Für Evelyn

Doch abgezogne Blumen,
ob auch Winter sie bleicht,
ihr Wesen duftet
drum nicht minder.

William Shakespeare,
Sonett Nr. 5

Inhaltsverzeichnis

Einleitung

Ein Duft, ein Lied, ein Gedicht oder ein schönes Gemälde haben allesamt die Kraft, uns zu verzaubern, unsere Stimmung zu verändern und uns einen kostbaren Augenblick lang aus unserer Alltagswelt in das Land der Phantasie zu entführen. Im Gegensatz zu Worten oder Bildern spricht ein Duft jedoch den ursprünglichsten unserer Sinne an, den Geruchssinn. Somit hat jeder Duft seine ganz individuelle Wirkung. Unsichtbar und unhörbar überschreitet er die Grenzen menschlicher Wahrnehmung und berührt die Seele im Innersten, auf der Ebene der Instinkte.

Die Chemiker scheinen nie müde zu werden, mit Düften zu experimentieren, aber sogar sie müssen zugeben, daß Düfte ein Eigenleben führen und daß jeder einzelne von ihnen seinen ganz eigenen Reiz besitzt. Ob nun synthetisch oder nicht, jeder von uns hat seinen Lieblingsduft, aber die feinen Aromen der Natur spielen in unserem Leben eine sehr viel bedeutendere Rolle, als wir auf den ersten Blick vielleicht glauben mögen.

Ähnlich wie Licht und Wärme erwecken Gerüche unsere Urinstinkte zum Leben. Die von ihnen ausgesandten Botschaften lösen bei Tieren entsprechende Verhaltensweisen aus; sie paaren sich oder fallen in den Winterschlaf. Das empfindliche hormonelle Gleichgewicht des Menschen kann in ähnlicher Weise beeinflußt werden. Die Luft ist voller Farben, Klänge und Gerüche. Die empfindlichen Energiezentren des Körpers öffnen sich und antworten, ebenso wie die Blumen selbst, auf die Sprache der Natur.

Pflanzen, die vom Wind bestäubt werden, wie zum Beispiel Gräser, haben kaum Duft oder Farbe, denn sie benötigen keins von beiden. Andere Blumen jedoch locken durch die Farbenpracht ihrer Blüten und Blätter Insekten und Bienen aus der Ferne an. Wenn diese dann näher kommen, nehmen sie zusätzlich noch den Duft wahr. Der Geruchssinn der Bienen befindet sich in ihren Fühlern, mit denen sie gleichzeitig auch ihre Umwelt erfühlen und erforschen. Es mag überraschend klingen, aber man nimmt an, daß auch die menschliche Nase über ähnliche Fähigkeiten verfügt.

Scheinbar reagieren winzige Sinnesorgane in unseren

Nasen auf die mikroskopisch kleinen Moleküle, aus denen ein Duft sich zusammensetzt. Die Geruchsmoleküle sind wie ein Schlüssel, und unsere Sinne sind das Schloß. So sind wir in der Lage, zwischen den verschiedensten Aromen zu unterscheiden.

Während der Sommermonate ist die Luft voller Zauber. Kräuter und Blumen geben dann ihre duftenden Essenzen in die Atmosphäre ab – wer ist nicht schon einmal stehengeblieben, um nach einem Regenschauer den Duft der Rosen in sich aufzunehmen? Von jeher hat der Mensch versucht, die einzelnen Elemente dieser exquisiten Gerüche herauszuschöpfen und so die verschiedensten aromatischen Substanzen zum Vorschein gebracht. Aber erst nachdem man das Destillationsverfahren perfektioniert hatte, war man in der Lage, die reine, unverfälschte Essenz einer Pflanze zu gewinnen – das sogenannte ›ätherische Öl‹.

Ursprünglich waren es nur die erfahrenen Mediziner, die mit diesen kostbaren Substanzen umzugehen vermochten, aber bald schon wurden sie in Flaschen gefüllt, verkauft und über die großen Handelsstraßen in alle Welt transportiert, damit sie ihre lieblichen Botschaften über kulturelle Grenzen hinwegtragen konnten. Wie Wein benötigen sie eine gewisse Reifezeit, doch dadurch sind sie auch wesentlich haltbarer.

›Der flüssige Gefang'ne in Glases Mauern‹, so beschreibt bereits Shakespeare ein ätherisches Öl, etwa

400 Jahre nachdem das erste im Nahen Osten gewonnen wurde. Das Destillationsverfahren hat seinen Ursprung wahrscheinlich in China, dort gehörte es zur Domäne der sogenannten ›Alchemisten‹. Sie übten diese Kunst mit der Präzision eines Rituals aus, das sich streng nach der Wechselwirkung von Licht und Dunkelheit und anderen natürlichen Zyklen richtete, die für das pflanzliche Leben verantwortlich sind. Von besonderer Bedeutung war natürlich der Mond.

Die Kraft der Sonne ist logisch vorhersagbar, aber der Mond besitzt eine geheimnisvolle Macht: wechselweise zunehmend und abnehmend bewegt er sich über den Himmel, sein Schatten ruht manchmal noch spät am Tage dort, und manchmal verschwindet er vollkommen. Im Winter sind seine magnetischen Kräfte lebensspendend, da sie die Gezeiten derjenigen unterirdischen Gewässer beeinflussen, welche die Samen in der Erde zum Keimen bringen. Natürliche Düfte sind dem Mond sehr ähnlich, ihre Wirkung ist nicht vorhersagbar, und sie sind eng mit dem Unterbewußtsein verbunden. Es ist, als ob wir eines Spiegelbildes auf der Oberfläche eines Sees gewahr würden: Die Düfte schaffen die Verbindung zu einer Person, von der wir wissen, daß es sie gibt, die aber bislang für uns immer unerreichbar blieb.

> Und sogar die Jahreszeiten und ihr
> Wandel sind Teil des großen Kreis-
> laufs, sie kehren immer wieder zum
> Anfang zurück. Das Leben eines je-
> den Menschen ist ein Zyklus von
> Kindheit zu Kindheit. Und so ist es
> mit allem, was sich bewegt.
>
> *Schwarzer Hirsch,*
> *Letzter Großer Seher der*
> *Oglala Sioux, 1931*

Unsere vorzeitlichen Ahnen waren in der Lage, natürliche Zyklen zu verstehen, und ihr Leben war ein
wesentlicher Bestandteil des immerwährenden
Schauspiels der Veränderungen innerhalb der Natur.
Sie verstanden deren Sprache und kommunizierten
mit ihr durch den Rhythmus der Trommeln, durch
ihre Lieder, Farben, Bilder oder Düfte (oft war es der
Weihrauch).

Das Medium, um mit dieser Welt in Verbindung zu
kommen, war meist ein weises Mitglied des Stam-
mes. Doch zu bestimmten Zeiten des Jahres konnte
der feingewobene Vorhang zwischen der sichtbaren
und der unsichtbaren Welt auch von jedem anderen
Menschen leichter beiseite geschoben werden. Dies
galt besonders für die Übergangsphasen zwischen
den Jahreszeiten. Und nach und nach, als die Menschen begannen, Ackerbau zu betreiben und sich fest
anzusiedeln, entwickelten sich bestimmte Festtage,

mit denen man den Wechsel der Jahreszeiten beging, und von denen wir heute noch einige kennen.

In England beruhte der ursprüngliche ›Kalender‹ auf dem 28tägigen Zyklus des Mondes. Zunächst wurde dies von der römischen Besatzung geändert, später wurde der gregorianische Kalender eingeführt, den wir heute noch benutzen. Die Natur richtet sich jedoch nicht nach Kalendern; wir können zwar hier oder dort einen Tag hinzufügen, aber der Zyklus des Mondes bleibt unveränderlich, ebenso wie der Wechsel der Jahreszeiten; und auch das Rad der Tierkreiszeichen dreht sich immer weiter, ohne daß wir darauf Einfluß nehmen können. Das vorliegende Buch trägt diesem natürlichen Rhythmus Rechnung.

Die meisten der Festlichkeiten, auf die hier Bezug genommen wird, sind keltischen Ursprungs, aber Spuren des keltischen Glaubens und der keltischen Rituale finden sich auch in vielen anderen Kulturen wieder, denn das Band, das uns mit den Urzeiten verbindet, ist überraschend stark.

Auch wir sind Teil der Natur und reagieren auf deren magnetische Kraft, besonders durch die Gezeiten unseres Unterbewußtseins, in dem das Wissen, das wir von unseren Ahnen geerbt haben, wohnt. In unserer Zeit wird dieses Wissen mehr denn je unterdrückt und geht im Trubel des modernen Lebens unter.

Vieles von dem, was wir über Pflanzen und Blumen

wissen, wurde uns aus ferner Vergangenheit und alten Kulturen, wie sie es auf unserem Globus zu Tausenden gab, überliefert. Kräuter, Blumen und Bäume sind immer noch den alten Zyklen unterworfen und helfen uns, die natürlichen Rhythmen unseres Lebens wiederzuentdecken.

Dieses Buch ist meine persönliche Beschreibung der Kraft der ätherischen Öle. Es lädt Sie ein zu einer duftenden Reise durch das Jahr in Begleitung einiger der lieblichsten Düfte der Natur. Erst vor dem Hintergrund der wechselnden Jahreszeiten kommt ihr wahres Wesen zum Vorschein, trotzdem können Sie sie auch zu jeder anderen Zeit des Jahres benutzen, eben dann, wenn ihre besonderen Qualitäten gerade benötigt werden. Die Beschreibung der Jahreszeiten selbst richtet sich nach dem Zyklus der nördlichen Hemisphäre, aber das Wissen um die Wirkung der Düfte kann leicht auch auf jeden anderen Teil der Erde angewandt werden.

Die ätherischen Öle, Kräuter und Blumen sind ein wunderbares Hilfsmittel, um Ihnen – zusammen mit den einfachen Meditationsübungen und dem, was wir vor unserem inneren Auge sehen werden – hoffentlich dabei behilflich zu sein, mit dem Auf und Ab des täglichen Lebens fertig zu werden. Die Öle heißen ›ätherisch‹, weil sie leicht verfliegen. Und das kann man wörtlich nehmen. Auf zarten Flügeln entführen sie Sie in eine andere Welt, eröffnen Ihnen neue Bewußtseinsebenen und helfen Ihnen, im Leben ein besseres Gleichgewicht zu finden.

Inhalieren Sie immer nur kurz und lassen Sie sie nicht mit der Haut in Berührung kommen, es sei denn unter Anleitung eines ausgebildeten Aromatherapeuten. Meistens ist das Gewinnungsverfahren für die Fachterminologie verantwortlich. In unserem Buch jedoch wird aus Bequemlichkeitsgründen meistens nur der Begriff »Öl« benutzt.

Atmung

Dies ist kein Buch über Atmung, aber selbstverständlich ist Ihr Atemrhythmus beim Aufnehmen eines Duftes sehr wichtig. Die Luft, die wir atmen, ist für unsere Existenz von zentraler Bedeutung. Wir können durchaus eine Weile ohne Nahrung und ohne Wasser auskommen, aber nur wenige Minuten ohne Luft. Wenn ein Kind geboren wird, dann ist das wichtigste, ihm seinen ersten Atemzug zu entlocken: Wenn der einmal getan wurde, dann erst hat auf dieser Erde wieder neues Leben begonnen. Alles im Universum atmet, und auch der Begriff aus der chinesischen Medizin, die lebenswichtige *Chi*-Energie, die jedes Lebewesen durchströmt, wurde mit ›Atem‹ übersetzt.

Der persische Arzt Avicenna, von dem angenommen wird, daß er mittels Destillation als erster das reine Öl der Rose gefunden hat, glaubte, daß die allumfassende, göttliche Macht über den Atem in den Körper gelangt. Seiner Meinung nach war dieser ›Atem des Lebens‹ eng mit dem Herzen verbunden, demjenigen Organ, das menschlichen Gefühlsschwankungen ganz besonders ausgesetzt ist. Er war ein Verfechter von natürlichen Düften im Einsatz gegen Herzkrankheiten und für die Regulierung der Atmung.

Die meisten Städter atmen sehr flach. Der Mangel an frischer Luft und die durch die Hektik des Alltags ausgelösten Ängste und Aufregungen können dazu führen, daß die Atmung schneller und unregelmäßiger erfolgt.

Wenn Sie die kleinen Übungen, die ich in diesem Buch aufgeführt habe, machen, dann versuchen Sie, sich der Ebbe und Flut Ihres Atems ständig bewußt zu sein. Dies soll keineswegs zur Besessenheit werden, aber atmen Sie einfach stetig und regelmäßig, wenn Sie die herrlichen Düfte einatmen. Für diejenigen unter Ihnen, die mehr in die Tiefe gehen wollen: die Kunst des Atmens kann man durch Yoga und ähnliche Übungen lernen.

Duftlampen

Sie bestehen in der Regel aus einem dekorativen Ständer aus Keramik oder Steingut, der eine kleine Schale mit Wasser trägt, unter der eine kleine Kerze brennt. Geben Sie ein paar Tropfen des ätherischen Öls in das Wasser, und zünden Sie die Kerze an. Die Hitze führt dazu, daß sich das Öl in der Luft ausbreitet. Duftlampen sind besonders geeignet zur Meditation. Genausogut können Sie jedoch ein paar Tropfen des Öls in eine Schale mit heißem Wasser füllen.

Elektrische Raumbedufter oder Aromalampen

Qualitativ hochwertige Geräte pumpen die aromatischen Moleküle regelrecht in die Atmosphäre – eine hervorragende Methode, um mit den in der Luft befindlichen Keimen fertig zu werden. Sie sind in der Regel aus Glas und bestehen aus einer Schale, in die eine geringe Menge des reinen ätherischen Öls paßt – Wasser benötigt man keines –, aus einer kleinen Kammer, die die Moleküle in einen feinen Nebel verwandelt, und einer elektrischen Pumpe. Zum Hausgebrauch und für die Benutzung in einer Therapie existieren verschiedene Ausführungen, manche können allerdings recht laut sein.

Andere Ausführungen benutzen eine stabile elektrische Platte, auf die ein paar Tropfen des ätherischen Öls gegeben werden. Die erhitzte Platte läßt den Duft schnell in die Luft verdampfen. Er wird nicht auf die gleiche Weise durch eine Pumpe zerstäubt wie bei den Geräten aus Glas. Diese Ausführung ist in der Regel sehr leise.

Lampenringe

Hierbei handelt es sich um einen Ring aus Keramik oder Aluminium, der um eine Glühbirne gesetzt wird. Wenn das Licht eingeschaltet wird, dann verhilft ihre Hitze dem Duft dazu, sich auszubreiten.

Riechstreifen

Dies sind schmale Streifen aus saugfähigem Papier, eine nützliche Alternative, wenn man nicht direkt an der Flasche riechen will. Ein einziger Tropfen an einem Ende des Streifens ist normalerweise ausrei-

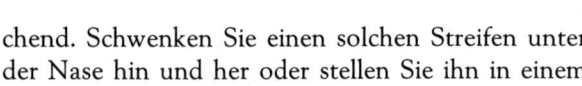

chend. Schwenken Sie einen solchen Streifen unter der Nase hin und her oder stellen Sie ihn in einem kleinen Behältnis vor sich auf den Tisch.

Steinbock

22. Dezember – 21. Januar
(1. Januar – 21. Januar)

Im Monat Januar, dem ersten in der
Reihe, verwandelt Gott uns in Einsiedler. Er hat die schwarze Erde um
uns herum weiß gewaschen; keinem
Strauch fehlt mehr sein weißes Kleid,
keinem Gebüsch fehlt mehr seine
Decke.

Dafydd ap Gwilym, »Der Schnee«,
14. Jahrhundert

Die Kelten nannten die Zeit zwischen Dezember
und Januar ›die kalte Zeit‹ und ›die Zeit des
Hauses‹. Diese dunklen Monate riefen zum Rückzug
und zur Regeneration im Einklang mit dem Zyklus
der Natur auf, und andere Kulturen waren sich mit
den Kelten einig. Der *Nei King,* ein altes medizini-
sches Werk aus China, beschreibt diese Zeit als eine
Phase, da ›die gesamte Schöpfung sich zurückzieht
und ihre Ernte lagert‹, und rät uns, ›unsere Wünsche
im Zaum zu halten und zu verbergen‹.
Die Sonne besitzt jetzt nur geringen Einfluß, aber die

magnetische Kraft des Mondes ist stark, besonders unter der Erde, wo bereits ein neuer Lebenszyklus begonnen hat. Nun, im unwirtlichen Zwielicht eines kalten Januarmorgens, während die Natur noch schläft, fassen wir unsere Vorsätze für das neue Jahr. Einige davon werden vielleicht nur einen einzigen Tag überdauern, doch hinter all diesen wackeren Vorsätzen liegt ein unbewußter Glaube an den immerwährenden Zyklus des Lebens. Obwohl wir sie erst jetzt gefaßt haben, sind sie noch im Eis der Zeit erstarrt, und erst das kommende Jahr wird sie zur Reife bringen.

Der Neujahrstag

> Hiskija freute sich darüber und zeigte ihnen sein Schatzhaus, das Silber und das Gold, die Spezereien und das feine Öl. ...
>
> *2 Könige,* 20:13

Die meisten Neujahrs-Vorsätze werden im Zustand von Gesundheit und Wohlstand gefaßt. Und immer stehen zu dieser Zeit auf unserem Tisch die mit den traditionellen Gewürzen versehenen Speisen. Die Gaben des Ostens, unsere Festtagsgewürze, kamen zum ersten Mal im 11. und 12. Jahrhundert nach Britannien. Zimt, Gewürznelken, Muskatnuß, Safran und viele andere Gewürze waren so teuer, daß sie das Schicksal ganzer Nationen veränderten. In Britannien gründete man eine Pfeffergilde, die mit der gesamten Gewürz- und Duftpalette handelte. Der Begriff ›Pfefferkornpfennig‹ deutet darauf hin, daß diese Kostbarkeiten häufig anstelle von Geld den Besitzer wechselten.

Die Nelke (Eugenia caryophyllata)[1]

Die Nelke wurde besonders geschätzt, und die Quelle, aus der sie stammte, die tropischen ›Gewürzinseln‹, war ein wohlgehütetes Geheimnis.
Bei dem Nelkengewürz selbst handelt es sich um die ungeöffneten Knospen der Blüten, die gepflückt und dann in der Sonne getrocknet werden. Eine wahrhaft kostbare Ausbeute. Sehen Sie sie sich genauer an. Sie halten ein kleines Kraftwerk tropischer Energie in den Händen. Ganze Wirtschaftssysteme wurden durch diese kleinen ›Nägel‹, wie die Franzosen sie nannten, verändert.
Legen Sie ein paar davon auf Ihre Handfläche. Stellen Sie sich vor, wie sie wie Würfel durch die Hände wohlhabender Kaufleute der Renaissance glitten, oder wie sie neben Seidenballen, Satin und anderen

---

1 Das sogenannte Nelkenöl duftet herrlich, aber es sollte grundsätzlich nur unter qualifizierter Anleitung auf die Haut aufgetragen werden.

Kostbarkeiten auf die großen Frachtschiffe geladen wurden. Dann zerdrücken Sie sie und nehmen ihr Aroma in sich auf.

Der Duft der Nelken ist wie ein Schatz. Wie die Hitze des Feuers und gleichzeitig wie Samt. Ein voller, fruchtiger Duft, vollmundig, vielversprechend und durchdringend. Die Nelke ist eines der klassischen Gewürze.

Sie besitzt die Aura des Schutzbringers, da sie den verschiedensten Ländern Wohlstand und wirtschaftliche Stabilität beschert hat: Noch größer und älter aber ist ihr Ruf als Heilpflanze. In der Hitze ihres Ursprungslandes entließen die Bäume ihre antiseptischen Düfte in die Luft und bewahrten Einwohner so vor Krankheiten. In Europa galt die Nelke schon bald als Allheilmittel gegen die sich schnell ausbreitenden Krankheiten und Epidemien, die durch den Überseehandel eingeschleppt worden waren.

Durch ihre bewegte Vergangenheit und die Verbindung mit zwei Extremen, nämlich Reichtum und Krankheit, ist die Nelke frei von Illusionen über das Leben. Sie vereint, wenn nötig, Ausdauer mit wilder Entschlossenheit. Sie wirft Vorsicht und schlechtes Gewissen in Gelddingen über Bord und ist der absolute Optimist. Warum sich mit einem Silberstreif am Horizont zufrieden geben, wenn man auch Gold haben kann? Ihr Duft ist Magie, aber sie kennt auch die

Niederlagen des Lebens, und ihre Domäne ist das Hier und Jetzt. Dies ist der ideale Duft für eine Meditation am Neujahrstag.

Nelke: Meditation

Diese Meditationsübung beschäftigt sich mit materiellem Wohlstand, aber wenn Ihnen dieses Thema nicht gefällt, können Sie sie auch auf jeden anderen persönlichen Wunsch oder Ihre persönlichen Bindungen an Dinge anwenden.

Sind Sie sich selbst gegenüber ehrlich, was Ihre Einstellung gegenüber dem Geld und materiellen Besitztümern betrifft? Es ist ein großer Unterschied, ob man an weltlichen Gütern hängt oder ob man sich ihrer einfach nur erfreut. Sich von der Bindung an solche Güter zu lösen, kann eine Bereicherung des Lebens darstellen.

Setzen Sie sich an einen Tisch und legen einen Gegenstand darauf, an dem Sie besonders hängen, ein Schmuckstück beispielsweise.

Atmen Sie ein: Halten Sie Ihren Atem einen Augenblick lang an; und während Sie das tun, werden Sie sich der Liebe bewußt, die Sie für den betreffenden Gegenstand hegen.

Atmen Sie aus:	Lassen Sie Ihren Atem langsam wieder entweichen, und schenken Sie Ihre Liebe dem Universum.
Öffnen Sie Ihre Augen:	Der Gegenstand liegt noch immer dort, aber das Universum dankt es Ihnen.

Machen Sie diese Übung noch einmal. Rufen Sie sich dieses Mal währenddessen den Duft der Nelke ins Gedächtnis. Atmen Sie diesen kostbaren, erfüllenden Duft ein. Die Nelke kennt die Farbe des Goldes und vermag Ihr Leben damit zu bereichern, aber sind Sie auch in der Lage, verantwortungsbewußt damit umzugehen?

Die Liebe ist eine kostbare Gabe.

Die Orange (Citrus aurantium sinensis)[2]

Die fruchtige Note der Nelke verlangt geradezu nach der Orange, um ihre Wucht zu mildern.
Beide sind ungefähr zur gleichen Zeit in unseren Breiten eingeführt worden und bilden seitdem eine erfolgreiche Arbeitsgemeinschaft; sie ergänzen sich ge-

---

2 Sämtliche Zitrusöle erhöhen die Lichtempfindlichkeit der Haut.

genseitig in wunderbarer Weise. Ein bekanntes Beispiel dafür ist die Duftkugel, wie sie in früherer Zeit
aussah: eine Orange, die mit Nelken gespickt wurde.
Die Orange verleiht der Mischung eine sanfte Note
und berührt die Sinne auf warme, angenehme Art.
Sanft und unaufdringlich verbreitet sich ihr Aroma
im ganzen Raum und hinterläßt ein Gefühl von Be-
haglichkeit und Wohlbefinden, das sie mit ihrer antiseptischen Wirkung verbindet. Die Orange ist die
reine Freude, und ihr sonniges Wesen kann einen positiven Einfluß auf die Gefühle haben. Also halten
Sie sie bereit, um jedweder Traurigkeit, die nach den
Festtagen aufkommen mag, vorzubeugen. Das Oran-
genöl ist kein wirklich spirituelles Öl, aber ein wert-
voller Fürsprecher, der die Arroganz aus den Gedanken vertreibt.

Wie alle anderen Öle der Zitrusfrüchte wird das Öl
der Orange nicht durch Destillation, sondern durch
das Auspressen der Rinde gewonnen und ist eine
liebliche Komponente in jeder anderen Duftmischung.

Orange und Nelke:
Meditation über den Segen,
den das neue Jahr bringen mag

Die Nelke bringt uns Gesundheit und Reichtum, die

Orange vermittelt uns die reine Freude. Alles, was Sie sich für sich selbst und andere zum neuen Jahr wünschen.

Nutzen Sie diese Gesinnung beider, um sich selbst mit einer glücklichen, beschützenden Aura für das kommende Jahr zu umgeben.

Geben Sie eine Mischung aus Orangen- und Nelken-öl in Ihre Duftlampe, und setzen Sie sich bequem hin.

Atmen Sie ein paar Minuten entspannt ein und aus, wenn Sie einatmen, dann stellen Sie sich die Orangenhaine vor, wie sie die sie umgebende Luft mit ihrem heilenden Aroma erfüllen. Sie werden den tropischen Sonnenschein auf Ihrer Haut spüren und die sanfte, positive Energie der Orange wahrnehmen. Beide Düfte bringen die Sonne zu Ihnen. Lassen Sie sich von dem goldenen Licht einhüllen.

Atmen Sie ein: Halten Sie dieses Gefühl einen Moment lang fest.

Atmen Sie aus: Übermitteln Sie es denen, die Sie lieben.

Vollmond im Zeichen des Steinbocks:
Mond des Neuanfangs

Wenn der Neumond im Zeichen des Steinbocks schon früh erscheint, dann fällt die Zeit des Vollmondes häufig auf einen Tag mit dem Dreikönigsabend, dem Epiphanienfest, dem Datum also, von dem die frühen Christen in Ägypten glaubten, daß es sich um den tatsächlichen Geburtstag Christi handelte, an dem die drei Weisen ihm ihre Gaben aus Gold, Weihrauch und Myrrhe dargebracht haben sollen.

Dies waren die traditionellen Gaben, die man einem Hohenpriester zum Geschenk machte: Gold für die Königswürde, Weihrauch für die Priesterschaft und Myrrhe für die Wiederauferstehung nach dem Tode. Myrrhe wurde auch nach der Kreuzigung von Nikodemus gebracht, um den Leichnam Christi einzubalsamieren.

Im alten Ägypten war das komplizierte Ritual der Einbalsamierung das höchste Bekenntnis zum immerwährenden Zyklus des Lebens. Der Körper wurde mit reiner zerstoßener Myrrhe gefüllt, nicht nur wegen ihrer Wirkung als Konservierungsmittel, sondern auch wegen ihres einzigartigen Aromas.

Myrrhe (Commiphora myrrha – und andere Arten)

Düfte waren im täglichen Leben der alten Ägypter von entscheidender Bedeutung. Man benutzte Harze, die die Luft reinigen und beleben, das Bewußtsein schärfen und einen geruhsamen Schlaf schenken sollten. Ein tranceartiger Zustand unter dem Einfluß verschiedener Aromen war eine entscheidende Hilfe bei der Heilung Kranker. Bei Toten war der Duft ein wichtiges Hilfsmittel, um die Seele sicher in das jenseitige Leben hinüberzugeleiten.

> Die Düfte Arabiens wurden Dir zu Füßen gelegt, um Deinen Geruch durch den des Gottes vollkommen zu machen. Oh, süß duftende Seele des Großen Gottes, Dein Wohlgeruch ist so himmlisch, daß Dein Antlitz sich niemals verändern noch verfallen wird ... und Deine Seele wird sich niemals von Deinem Körper lösen, wenn Du im Ta-neter, dem Land der Götter, weilst.

E.A. Wallis Budge, ›Anbetung des Anubis‹, 1899

Um den ›Geruch der Heiligkeit‹ zu erzielen, salbte der Priester den Körper mit heiligen Ölen und rief dann den schakalköpfigen Gott Anubis an, dessen ausgeprägter Geruchssinn bestätigen sollte, daß der Leich-

nam ordnungsgemäß auf das Jenseits vorbereitet worden war. Der Duft der Myrrhe war Bindeglied zwischen Leben und Tod und dadurch immer präsent.
Das Öl entstammt dem Harz und seine rauchig-süße Note ist mit dem Innersten der Seele vertraut. Ein nachhaltiger Duft, der vertrauenerweckend wirkt.
Die geduckte, kleine Pflanze ist mit Dornen und Stacheln ausgerüstet, trotzdem besitzt sie eine Würde, die keine der kultivierten Pflanzen aufzuweisen vermag. Die Myrrhe ist der Schamane in den Wüstenfelsen. Wie ein Einsiedler klammert sie sich an die schroffen Felswände, verströmt ihr Harz aus einer dicken, duftenden Borke und setzt feines, fliederfarbenes Räucherwerk frei, das die Sonnenstrahlen filtert und die Umgebung vor der Sonne schützt.
Geheiligte Pflanze, heiliger Duft, Mittler zwischen den Welten. Willkommen, du sanfter Zauber, zum ersten Vollmond des Jahres.

Oh, gesegneter, unbeschreiblich
schöner Räucherbaum,
der Du im herrlichen Arabien
wächst.

Mit Deinem rot-glühenden Wohlgeruch betörst Du die Lüfte,
bis unser irdisches Dasein uns wie
das Elysium anmutet.

George Darley, ›Der Phoenix‹, 19. Jahrhundert

Myrrhe: Meditation

Das Leben besteht aus vielen kleinen Toden. Jeder Augenblick, der vergeht, jeder Tag, jedes Jahr, jede Körperzelle, jedes Haar auf dem Kopf, jeder Gedanke – alles ist einem konstanten Prozeß der Erneuerung unterworfen, und alles nimmt wieder und wieder eine neue Form an. Das menschliche Leben ist ein Teil dieses Prozesses.

Unsere Kultur nimmt eine Menge Mühe auf sich, um strenge Grenzen zwischen Leben und Tod, Liebe und Sex, Romantik und Religion zu errichten. Durch diese festgefügten Grenzen ist es schwierig zu verstehen, mit welcher Leichtigkeit die Wandlung von einem Zustand in den nächsten erfolgen kann.

Die meisten Vorsätze zum neuen Jahr drehen sich darum, daß wir mit alten Gewohnheiten oder Traditionen brechen möchten; und obwohl wir vielleicht jetzt noch zögern, unsere Vorsätze in die Tat umzusetzen, ist es durchaus möglich, daß wir uns ohnehin irgendwann ändern müssen, besonders wenn es sich um Dinge handelt, die unsere Gesundheit betreffen. Also lassen Sie uns doch einfach jetzt schon damit beginnen.

Ob Sie sich nun vornehmen, eine Beziehung zu verändern oder das Rauchen aufzugeben, Sie bewegen sich immer von einem Zustand zum nächsten.

Geben Sie ein paar Tropfen Myrrhe in eine Duftlam-

pe, setzen Sie sich bequem mit einer Hand auf jedem
Knie hin, und vergegenwärtigen Sie sich vor Ihrem
inneren Auge ein herrliches volles Lila. Lassen Sie
sich ganz von dem Licht einhüllen, und führen Sie
Ihre Hände zusammen, als ob es sich um zwei Menschen handelte, die sich die Hände reichten, stellen
Sie sich vor, Sie begrüßten einen alten Freund. Drük-
ken Sie sie herzlich, und lassen Sie dann los. Strecken
Sie sie vor sich aus. Ihr Freund lädt Sie auf eine Reise
ein. Nehmen Sie das Aroma der Myrrhe in sich auf,
und erlauben Sie dem lilafarbenen Schein, langsam
blasser zu werden. Ziehen Sie mit ihm, und gestatten
Sie ihm, sich aufzulösen, bis nichts mehr zu sehen ist
als reines, weißes Licht.
Fassen Sie Ihren Vorsatz, und seien Sie sich dessen
bewußt, daß Sie Ihr Ziel bereits erreicht haben.

Erkenntnis währt ewig.

Wassermann

21. Januar – 19. Februar

Undurchdringlich und feuchtkalt, so
bist du, oh Vater des
Regens: gleichzeitig sein Heimatha-
fen und seine Mutter;
ungeliebte Frucht, der Sonne unbe-
kannt, eine wässrige Mauer zwischen
der Sonne und mir, ein nieselndes
Hindernis, das den Tag zur Nacht mir
macht – wie bist du doch unwirtlich!

Dafydd ap Gwilym,
›Der Nebel‹, 14. Jahrhundert

Durch Schnee und Regen verheißt das immer stärker werdende Januarlicht das Nahen des Frühlings, aber immer noch ist es bitterkalt und unwirtlich. In dieser Zeit des Jahres ist es wichtig, sich selbst einen festen Mittelpunkt zu schaffen, der einem die nötige Kraft verleiht.

Neumond im Zeichen des Wassermanns:
Der Mond als erhaltende Kraft

Die Wasser im Inneren der Erde bewegen sich auf und ab wie die Gezeiten. Die alten Ärzte sprachen von Erdwasser, Erdfeuer und dem Erddampf. Sie alle wurden nach ihrer Vorstellung wie durch eine gigantische Lunge ein- und ausgeatmet. Auf der nördlichen Erdhalbkugel ist der Dampf der Erde im späten Januar kalt und feucht, und die Lungen der Menschen sind leicht angreifbar. Jetzt, da die ganzen Festlichkeiten hinter ihnen liegen, kann es vorkommen, daß sich die Menschen einsam, entkräftet und von ihrer Umwelt abgeschnitten fühlen.

Benzoe (Styrax benzoin – und andere Arten)

Der süße, vanilleartige Geruch des Benzoeharzes ist vielen bereits als Bestandteil des Mönchsbalsams bekannt. Es überrascht nicht, daß es sich hierbei um ein schleimlösendes Mittel handelt, das auch zum Inhalieren hervorragend geeignet ist. Das Öl wird aus dem Harz des Styrax-Baumes gewonnen, der im Fernen Osten wächst. Es ist in der Regel dickflüssig,

braun, klebrig und bildet eine ideale Schutzschicht. Der Gewinnungsprozeß des Öls ist ein komplizierter Vorgang, aber währenddessen nimmt es viel Sonnenenergie in sich auf und hält sie fest. Und auch die Sorgfalt, die man bei der Ernte walten läßt, spiegelt sich in seiner Wirkung, die es auf den menschlichen Körper und die menschliche Psyche hat, wider.

Das Benzoeöl besitzt großes Wirkungsvermögen: mit Samthandschuhen hält es das Bewußtsein fest und gräbt sich sanft durch sämtliche inneren Widerstände hindurch. Es wirkt auf einer zutiefst persönlichen Ebene und ist in der Lage, verborgene Aspekte unseres Seins zu enthüllen. Bei Menschen, die allzu introvertiert und still geworden sind, kann seine beruhigende Wärme dazu führen, daß festgefahrene Zweifel und Ängste erkannt werden und diese Menschen wieder zu neuem Elan finden.

Die Sommersonne und die Luft, denen es über einen langen Zeitraum hinweg ausgesetzt ist, geben diesem scheinbar so zähflüssigen Öl eine Leichtfüßigkeit, die die zwischenmenschliche Kommunikation erheblich erleichtert. Es ebnet den Weg zur Außenwelt, es schafft die Möglichkeit, um Hilfe zu bitten. Zählen Sie auf seine Stärke, wenn Sie deprimiert sind und sich unfähig fühlen, dem Leben die Stirn zu bieten, oder wenn ein Streit Sie am Boden zerstört hat. Benutzen Sie es auch, wenn Sie jemandem eine wichtige

Botschaft zu übermitteln haben, wenn Sie weit von zu Hause entfernt sind und Ihre Familie beschützt wissen wollen oder wenn es jemanden gibt, dem Sie gerne helfen würden, aber einfach nicht wissen, wie Sie das bewerkstelligen sollen.

Benzoe: Meditation

Meditieren Sie am Abend oder wann immer Sie der heilenden Energie der Benzoe bedürfen. Das Benzoeöl ist auch dann von großem Nutzen, wenn Sie jemand anderem Kraft geben möchten.

Geben Sie einen Tropfen Benzoeöl auf einen Riechstreifen, und geben Sie sich dem Duft hin.

Atmen Sie tief ein, und stellen Sie sich vor, daß Sie im Einklang mit der großen Lunge der Erde stehen. Suchen Sie nach einem gleichmäßigen Atemrhythmus, mit dem Sie sich wohl fühlen, und behalten Sie diesen bei.

Erlauben Sie dem Duft, Ihre Sinne zu durchdringen, und lassen Sie seine heilende Kraft Ihren Körper bis hinunter zu den Füßen durchströmen. Fühlen Sie seine Wärme und seine liebende Kraft, Ihre Sinne werden in warmen, braunen Samt eingehüllt. Sie können ihm vertrauen, lassen Sie ihn einfach nur wirken.

Sammeln Sie nun diese Wärme und Energie in Ihrer Brust. Atmen Sie sanft, und halten Sie sie dort fest,

lassen Sie sie noch einmal wachsen. Dann holen Sie tief Atem und lassen Sie sie wieder ziehen.

Jeder braucht Heilung, auch die Heilenden selbst. Man muß sich nicht schämen, um Hilfe zu bitten.

Imbole[3]: Die Rückkehr der Göttin: 31. Januar

Das Schneeglöckchen
Sei herzlich Willkommen,
kleine Februar-Elfe.
Schon seit alters her
als einsame Erstgeborene,
kommst Du in der kalten Zeit,
als Prophet der frohen Zeit,
als Prophet der Maienzeit,
als Prophet der Rosenzeit.
Sei herzlich Willkommen,
kleine Februar-Elfe!

Alfred Lord Tennyson, 19. Jahrhundert

Das Schneeglöckchen symbolisiert die Wiederkehr

---

3 Das Imbolc-Fest wurde bei den Kelten am 31. Januar oder 1. Februar begangen (Die Quellen sind sich nicht ganz einig.), um die Geburt der großen dreifaltigen Göttin zu feiern.

von Brigida, der Mondgöttin. Während sie die Druidenhaine wob, versammelten sich die keltischen Frauen, um sie willkommen zu heißen. Ganz in Weiß gekleidet, der Farbe der Reinheit und Unschuld des neuen Lebens, erschien sie, um ihren Segen zu spenden. Von diesem Zeitpunkt an bis zu Halloween, dem Abend vor Allerheiligen, wirkte ihre magische Kraft nun nicht mehr länger im Verborgenen.

Dieses hübsche Fest wurde zur Zeit des Neumondes im Zeichen des Wassermannes begangen, doch seine Nachwirkungen waren noch bis hin zur Tagundnachtgleiche im Frühjahr zu spüren. In den Mythen der ägyptischen Göttin Isis, der griechischen Göttinnen Persephone und Demeter und vieler anderer mythologischen Gestalten finden wir ebenfalls Anklänge an diese Geschichte. Bei uns wird dieses Fest heute als Maria Lichtmeß begangen, das der Mutter Gottes gewidmet ist.

Damals trugen weißgekleidete Frauen Kerzen und vollzogen die Rituale an den heiligen Brunnen und Quellen. Sie trugen schimmernden Schmuck, dessen Aussehen an fließendes Wasser erinnerte. In der bitteren Kälte fächelten sie den Flammen Luft zu, um den Fluß ihrer eigenen Lebenssäfte ebenso zu fördern wie den ihrer Tiere und den der Bäche und Flüsse. Das Fließen des Wassers und die Gezeiten bildeten das Herzstück dieses Festes. Die Milchabsonderung

der Mutterschafe und die darauffolgende Geburt der Lämmer versprachen Milch und Käse als Nahrung und eine Stärkung der Sinne únd der Körpersäfte. Der Zeit der Vorratshaltung und der Regeneration folgte nun die der Läuterung, Reinigung und Erneuerung der Lebensenergie.

Immer noch ist dies eine Zeit, in der wir Zeuge dessen sind, was die Alchemie der Natur an Veränderungen mit sich bringt, wenn das Licht langsam zurückkehrt. Wir sind umgeben von Technologie und können diese Vorgänge gut ignorieren, aber an grauen Februartagen wühlen die guten Geister, die diese Veränderungen in der Natur bewirken, die einsame See unseres Unterbewußtseins auf, und die Illusionen unserer modernen Welt schwinden dahin. Diese Zeit erinnert uns, die wir in einer Welt der Talsperren, Heizkörper und Brutkästen leben, daß sich die grundlegenden Bedürfnisse unseres Lebens nur wenig geändert haben: die Versorgung mit frischem Wasser, die Sicherheit der Neugeborenen auf ihrem Weg in diese Welt und, vor allem, die Fruchtbarkeit der Erde.

...Und [...dann habe...] ausreichend Ziegenmilch zu deiner Ernährung und zum Lebensunterhalt für deine Mägde.

Sprüche 27:26

Rosmarin (Rosmarinus officinalis)

Rosmarin spendet dem Gedächtnis,
dem Geist und den inneren Organen
Trost und Wohlbefinden und gibt de-
nen die Sprache zurück, die an einer
Lähmung der Zunge leiden.
John Gerard, 1597

Nicht umsonst bezeichnet man den Rosmarin als
›immergrünen Strauch‹. Rosmarin liebt die Sonne,
ist aber nicht von ihrem Rhythmus abhängig. Seine
silbergrünen Blätter atmen das ganze Jahr über und
geben ihre Öle bereitwillig auch im Winter ab. Reiben Sie im Dezember die Blätter einmal zwischen Ihren Fingern – was für ein Geschenk diese Pflanze ist!
Ihr Ruf, daß sie das Gedächtnis stützt, kommt vielleicht daher, daß sie immer grün bleibt.
›Dies ist ein heiliger Strauch, und bei Menschen, deren Handlungen gerecht und rechtens sind, da
wächst und gedeiht er frohgemut‹ schrieb im Jahre
1338 ein Mediziner der berühmten mittelalterlichen
Schule von Salerno. Der Rosmarin, der Apotheker
unter den Pflanzen, wächst immer in der Nähe der
Menschen und läßt seine gesamte Energie in die sehr
aromatischen Blätter fließen, die reich an medizini-
schen Essenzen sind. Früher glaubte man, daß ihre
Blüten einmal weiß waren. Nach Berührung durch

die Jungfrau Maria hätten sich die kleinen Blüten der keuschen Pflanze jedoch zartblau gefärbt.

Rosmarin fördert den Sauerstoffgehalt im Blut, wodurch er das Herz stärkt, die Versorgung des Gehirns mit Blut fördert und dem Meister der Entgiftungsapparate, der Leber, zugute kommt. Die alten Herbarien berichten uns, daß er ›einen süßen Atem‹ schenkt, und außerdem in der Lage ist, uns dabei zu helfen, daß Mißgeschicke uns nicht allzusehr deprimieren.

Der lateinische Begriff *Rosmarinus* bedeutet ›Rose des Meeres‹. Dies weist darauf hin, daß die Pflanze eine starke Beziehung zum Wasser, d.h. zu Fluß und Wiederkehr besitzt; sie regt träge Körpersäfte an und vermag die Gezeiten unserer Gefühle zu verändern. Dieser natürliche Wiederverwerter gemahnt uns, mit unseren Energien sparsam umzugehen und uns von emotionalem Streß fernzuhalten, ohne unsere Fähigkeiten zum Mitgefühl zu verlieren. Es handelt sich weder um ein romantisches noch um ein verführerisches Öl, sondern um eines, das uns dabei helfen kann, bereits bestehende Beziehungen auszubauen.

Die zyklische, kreisende Energie des Rosmarin wirkt stimulierend und macht es leichter, mit den Beschränkungen, die das Leben mit sich bringt, fertig zu werden. Denn was zu früh geboren wird, verliert rasch an Kraft und ist schwach.

Rosmarin: Meditation

Am besten morgens durchführen.

Die Lektionen des Lebens sind ein immerwährender Kreis, sie drehen sich immer wieder um uns herum, bis wir sie verstanden haben. Das natürliche Element, das das Imbolc-Fest beherrscht, ist das Wasser. Es kann klar und fließend sein, aber auch schal und abgestanden. Haben Sie jemals festgestellt, daß Ihr Leben dem immer gleichen vertrauten Muster folgt? Vielleicht reagieren Sie immer auf die gleiche Art und Weise, wenn Sie sich verteidigen, oder vielleicht wählen Sie immer die gleiche Art von Lebenspartner, was immer wieder mit dem gleichen, vertrauten Schmerz verbunden ist?

Wenn wir uns dem beugen, dann verläuft unser Leben vielleicht auch irgendwann im Kreis. Vielleicht sind wir sehr geschäftig und stehen unter Druck, doch das geschieht nur, um uns den entsprechenden Situationen nicht stellen zu müssen. Das Problem dabei ist, daß es sich immer wieder um das gleiche, abgestandene Wasser handelt.

Der süße, durchdringende Duft des Rosmarin ist fröhlich und eindringlich. Seine Kraft wird auf Sie übergehen und Sie beleben. Sie ist besonders dann von großem Nutzen, wenn Sie sich einfach nur müde oder verdrießlich fühlen.

Setzen Sie sich in die Nähe eines Fensters, ins Licht.

Geben Sie etwas Rosmarinöl in eine Duftlampe, oder
halten Sie einen Zweig des Strauches in Händen.
Atmen Sie das Aroma ein, und während Sie das tun,
werden Sie spüren, wie sein reines, erfrischendes
Licht Ihre Sinne und besonders Ihren Kopf durch-
strömt. Konzentrieren Sie sich auf seine kreisende
Energie.
Wenn Sie einatmen, dann erkennen Sie diese flüssige
Kraft, wie sie in einem sanften, silbergrünen Kreis da-
hinfließt; verändern Sie die Farbe vor Ihrem geistigen
Auge bis hin zu einem zarten Blau oder Aquamarin-
blau. Beim Ausatmen verwandeln Sie es in Weiß.

Neue Energie ist lebenswichtig,
das Leben ist ein ständiger Prozeß der Erneuerung.

Vollmond im Zeichen des Wassermanns: Der Mond der Reinheit

Diese fließende Zeit des Jahres mit ihren Nebeln, ihrem Dunst und ihrem nur langsam kräftiger werden-
den Sonnenschein kann uns in eine melancholische
und trübe Stimmung versetzen; vielleicht glauben wir
sogar, daß die Natur uns ein schleichendes, unheimli-

ches Ende verheißt. Ihre reinigenden Kräfte sind zwar emsig bei der Arbeit, aber die Stille eines Tages am Ende des Monats Februar, in der wir Zeuge sind, wie das schmelzende Eis den darunterliegenden Matsch enthüllt, kann leicht dazu führen, daß unterdrückte Ängste an die Oberfläche des Bewußtseins kommen.

Die Wacholderbeere (Juniperus communis)

Der Wacholder besitzt die Macht, unerwünschte Gefühle aus unserer Seele hinauszuschwemmen; sein scharfer, pikanter Duft ist voll pulsierender Lebenskraft.

Die wunderschönen, blauschwarzen Beeren sind harzig und aromatisch und wurden bereits in den Bandagen ägyptischer Mumien gefunden. Die duftenden Zweige leuchten rein und hell. Schon vor Jahrhunderten wurden sie gern bei Reinigungsritualen verwendet. Diese Zeremonien waren nun, da das Ende des Winters nahe war, und man sich auf ein sorgloseres Dasein voller Tatendrang vorbereitete, von großer Bedeutung.

Während die Energie des Rosmarin sich im Kreis bewegt, fließt die des Wacholders voran, weshalb man ihm reinigende Wirkung zuschreibt. Sein Feuer kann erstarrte Gefühle wieder zum Leben erwecken und

vermag die Verhärtungen, die sich in der Seele angesammelt haben mögen, aufzulösen.

Wenn Sie einen schweren Verlust erlitten haben und sich erschöpft und den Tränen nahe fühlen, dann wird er Ihre Genesung erleichtern. Wenn die Erfahrung, die Sie machen mußten, Sie lähmt, dann kombinieren Sie ihn mit Myrrhe. Durch das Außergewöhnliche, Bittersüße dieser Mischung werden Sie spüren, daß Ihrem Leiden Sympathie entgegengebracht wird, besonders dann, wenn Sie es bisher zugelassen haben, daß der Schmerz eine lähmende Wirkung auf Sie ausübte.

Um negative Schwingungen abzubauen und die Blockaden aus Ihrem Geist zu vertreiben, reiben Sie einen Tropfen Wacholderöl zwischen Ihren Handflächen und fahren Sie sich anschließend mit den Händen durch die Haare. Sie werden spüren, wie ›sein silberner Fluß‹ Ihre Sinne reinwäscht. Oder geben Sie etwas Öl in eine Duftlampe, um die Luft im Raum zu reinigen. Sie können auch ein paar Beeren auf brennende Kohle legen.

Wacholder: Meditation

Diese Meditationsübung wird am besten am Morgen ausgeführt.

Geben Sie ein paar Tropfen Wacholderöl in eine

Duftlampe und setzen Sie sich hin, das Gesicht der Lampe zugewandt. Während Sie einatmen, stellen Sie sich einen glitzernden Strom vor, der geradewegs durch Sie hindurchfließt und Ihr gesamtes Innenleben einer Reinigung unterzieht.

Denken Sie an einen schmelzenden Eiszapfen. Während die Sonnenstrahlen kräftiger werden, beginnt er, sich aufzulösen und verwandelt sich langsam in einen silbernen Strom. Der Strom fließt zwischen hohen Schneewällen hindurch, aber während er fließt, beginnt auch der Schnee zu schmelzen und enthüllt grüne, grasbewachsene Hügel. Es gibt nichts, was Sie tun könnten, um ihn aufzuhalten, und warum sollten Sie auch, er ist wunderschön.

Wenn Sie Lust haben, dann steigen Sie hinein und erlauben dem klaren Wasser, über Sie hinwegzufließen. Wollen Sie zusätzlich noch eine Farbe vor Ihrem inneren Auge wecken, dann ist das Ineinanderfließen von Türkis und Silber eine ideale Farbzusammenstellung.

Das Leben ist Bewegung.
Lassen Sie sich treiben.

Fische

19. Februar – 20. März

Auf fast unmerkliche und geheimnisvolle Weise werden die ätherischen Gewässer des Sternzeichens der Fische vom Mond bewacht, aber sie bewegen sich durch den Einfluß des Jupiters hin zu mehr Kreativität. Wenn die silberne Mondsichel zunimmt, bringt diese sanfte Energie ihre Früchte hervor.

Neumond im Zeichen der Fische:
Mond der ersten Erfüllung

Betrachtung über Blumen

Ihr seid nicht stolz, Ihr wißt, wer
Eure Mutter ist,
Denn die Erde war es, die Euch
Euer reich geschmücktes
Kleid verlieh:

Ihr gehorcht dem Lauf des Mondes,
doch wünschte ich, daß es auf
immer Frühling wäre.

Mein Schicksal wäre nie vom
Winter überschattet,
ich kennte keinen Tod und müßte
niemals auch nur daran
denken.

Henry King, 17. Jahrhundert

Frühlingsblumen

Wie soll man die schwer bestimmbaren Düfte des Frühlings anfangs beschreiben? Ohne eine warme Brise, die sie trägt, hängen sie schwer in der kalten Luft und überraschen uns mit ihrer Anwesenheit. Krokus, Narzisse und Hyazinthe, all diese pastellfarbenen Blumen erscheinen, sobald das reine Weiß des Schnees zu verschwinden beginnt. Sie alle sind der Lilie verwandt und besitzen deren feminine Ausstrahlung; ihre wächserne Zartheit wird nur allzu häufig noch von Schnee und Eis umrahmt. Wie schaffen Sie es, zu überleben? Was ist ihr Geheimnis? Diese frühen Blumen brauchen uns nicht. Sie sind die wahren Vertreter der Unterwelt, wo Ströme und Flüsse immer noch fließen, und im Schoß ihrer Zwiebeln bewahren sie ihren eigenen Wasservorrat.

Nun enthüllt der Vollmond im Zeichen der Fische,
der Hüter der Geheimnisse, seine verborgenen Schät-
ze. Heiter und von ihrer Umgebung unbeeindruckt
stellen diese Blumen einen geruhsamen Augenblick
dar. Sie geben uns Raum, innezuhalten, einen tiefen
Atemzug zu tun und ihren Duft in uns aufzunehmen,
bevor der Frühling auf uns einstürmt.

Und im Augenblick
zwischen Einatmen und Ausatmen
liegen alle Mysterien
des Unendlichen Gartens
verborgen.

Edmond Bordeaux Szekely, ›Die Kommunionen mit den Engeln‹.
Die unbekannten Schriften der Essener,
Schriften der Essener, Buch 2

Nur wenige ätherische Öle können aus diesen Blumen
gewonnen werden. Diese duften zwar herrlich, sind aber
sehr teuer. Der Duft der Narzisse kann zuweilen eine
leicht narkotisierende Wirkung haben, sogar schon die
Blume selbst.

Frühlingsblumen: Meditation

Der flüchtige Duft der Hyazinthe oder auch ein Topf
mit Narzissen ist ideal, aber eine Vase mit Frühlings-
blumen genügt ebenso. Stellen Sie sie auf ein breites
Fensterbrett oder einen kleinen Tisch in der Nähe

des Lichts. Dies sind die Früchte der Mondgöttin, jetzt können wir die ihr gewidmete Zeremonie vollziehen.

Stellen Sie eine weiße Kerze in eine kleine Schüssel mit Wasser, und stellen Sie sie neben die Blumen. Zünden Sie die Kerze an, beobachten Sie Ihr Spiegelbild im Wasser, und denken Sie an die Schönheit und Reinheit dieses Festes. Die Frauen in ihren weißen Kleidern, mit ihren im Widerschein des Feuers leuchtenden Gesichtern, während sie sich bemühen, das Licht zurückzuholen.

Schließen Sie jetzt die Augen. Silbriges Mondlicht fließt in den Raum, und Sie hören das Meer. Stimmen Sie Ihren Atem auf die gleichmäßige Musik der Wellen ein. Während Sie atmen, nehmen Sie den Duft der Blumen in sich auf, und stellen Sie sich ein weiteres Licht vor, das sich langsam aus dem Wasser erhebt.

Die Wärme der Weisheit unserer Urahnen wird Sie durchströmen. Das Licht wird intensiver, bis es auf das Licht des Mondes trifft; die beiden verschmelzen miteinander und tauchen das Zimmer in die lieblichen Pastelltöne des Vorfrühlings: ganz helles Gelb, silbriges Grün, Türkis, Aquamarinblau, Rosa, Fliederfarben …

Halten Sie diese Farben vor Ihrem geistigen Auge fest, während Sie den Duft der Blumen einatmen.

Atmen Sie weiterhin tief, und öffnen Sie schließlich wieder die Augen.

In mir trage ich die Weisheit der Erde.

Vollmond im Zeichen der Fische: Der reinigende Mond

> Die drei Monde des Frühlings werden als Zeit des Anfangs bezeichnet... der Atem von Himmel und Erde bereitet sich darauf vor, neues Leben zu schenken und dadurch kann sich alles entwickeln und blühen... Diejenigen, die sich den Gesetzen des Frühlings nicht unterwerfen, werden durch eine Schädigung der Leber bestraft.
>
> *Nei King*

Wir müssen unseren Organismus und unsere Seele reinigen, und welchen besseren Helfer beim Frühjahrsputz könnten wir haben als die Zitrone, wesentlicher Inhaltsstoff eines jeden Spülmittels.

Widder

21. März – 19. April

Der Ostwind

Jung und schön, das war Wabun;
Er war es, der den Morgen brachte,
Er war es, dessen Silberpfeile
die Dunkelheit verjagten über Hügel
und Tal;
Er war es, auf dessen Wangen leuchtete
Strahlendes Karmesinrot.
Und dessen Stimme das Dorf weckte,
das Wild herbeirief und die Jäger holte.

*H.W. Longfellow, Die vier Winde,
Hiawatha, 1854*

Für die Indianer nahe der großen Seen im Norden der USA war es Wabun, der den fruchtbaren Frühling brachte. Dies ist jetzt die Jahreszeit der Jugend, die von dem leuchtenden Rotbraun, dem Ziegelrot und dem Gelb des Goldlacks begleitet wird. Von März bis Mai zeugt diese ›Vierzig-Tage-Blume‹ von der Fülle an Kraft, die in der Erde ruht. In Wabuns Kleider gehüllt, hinterlassen ihre fröhlichen, samtenen Blüten einen schweren, berauschenden

Duft, der in der Luft hängen bleibt. Bis jetzt ist es noch nicht gelungen, eine natürliche Essenz aus den Blüten zu gewinnen, aber eine Handvoll dieser wunderschönen Blumen im Garten wird Sie dafür mehr als entschädigen. Der Duft erinnert an Narzissen, Rosen und Jasmin und ist wie ein Versprechen, daß der Sommer kommen wird, und er weckt gleichzeitig die Sehnsucht in uns, daß es, wie der Dichter sagt, ›auf immer Frühling wäre‹.

Widder Neumond: Der Mond der Frühlingswinde

Dieser Neumond ist beeinflußt durch die kosmische Aktivität während der Tagundnachtgleiche, und oftmals wird diese Zeit durch ungestüme Winde und unbeständiges Wetter begleitet. Der zunehmende Mond im Sternzeichen Widder läßt plötzlich alles wachsen, und, ähnlich dem Widder des Tierkreises, der den neuen Boden mit seinen Hörnern umgräbt, so befällt auch uns in dieser Zeit ein Gefühl, unsere Umwelt neu zu entdecken und ein neues Verhältnis zu ihr zu entwickeln.

Vielleicht war Ihre Umwelt im letzten Jahr die gleiche wie jetzt, doch Sie beide durchlaufen nun einen neuen Zyklus. Ihre Instinkte sind sich dieses neuen Zyklus sehr wohl gewahr.

Schwarzer Pfeffer (Piper nigrum)

Dieses Öl, das so voller Spannkraft und Vitalität ist, ist ein Duft für den Augenblick. Wie die Nelke handelt es sich hier um einen weiteren Stützpfeiler des Gewürzhandels, der in ähnlicher Weise mit Vorstellungen von Wohlstand und Sicherheit verknüpft ist. Der schwarze Pfeffer ist ein siegessicheres Gewürz. Mit seinem scharfen, trockenen und durchdringend süßen Duft steht er für Entschlossenheit und Energie. Er hält negative Gedanken ab und beschützt Sie auf kurzen Reisen oder bei kleineren Unternehmungen. Für diese schnellebige Zeit des Jahres ist er ideal. Bei denjenigen, die davor zurückschrecken, entschlossen zu handeln, wenn es nötig ist, verwandelt der schwarze Pfeffer die Wut in eine positive Kraft. Er ist in der Lage, Gedanken in Handlungen zu verwandeln und ermutigt zur Offenheit gegenüber den eigenen Bedürfnissen und Wünschen. Setzen Sie ihn gelegentlich ein, um sich zu aktivieren, nicht um zu meditieren; auf diese Weise wird er Ihre Persönlichkeit stärken und Ihnen helfen, das zu tun, was notwendig ist. Gehen Sie sparsam damit um, dann wird er Ihre Sinne auch nicht ermüden; wenn Sie ihn wahllos einsetzen, dann wird er genau wie die Kraft des Mars, der sein Herr ist, Sie überwältigen und dazu führen, daß Sie den Kopf verlieren.

Das Äquinoktium des Frühlings: Der 21. März: Tagundnachtgleiche

Das Frühlingsäquinoktium ist der Versuch der Natur, einen Ausgleich zu schaffen, wenn die magnetischen Kräfte des Lichts und der Dunkelheit aneinandergeschmiedet werden. Wenn das Licht die Dunkelheit besiegt, dann beginnt alles schneller zu vibrieren, das Adrenalin fließt und die männlichen Kräfte erheben sich mit erneuter Vitalität. Die Körperwärme und die Säfte, die während des Winters bewahrt wurden, beginnen nun, sich zu regen und zu verändern; aber ohne die Richtung zu kennen, kann dies zur Stagnation und zu Frühjahrs-Unpäßlichkeiten führen. Man benötigt etwas, das den Weg weist.

Der Gemeine Thymian (Thymus vulgaris – und andere Arten)

> Er stärkt die Lungen und ist eine gute Medizin bei Keuchhusten von Kindern. Er vertreibt die Lethargie und ist ein hervorragendes Mittel gegen Kurzatmigkeit.
>
> *Nicholas Culpeper, 1653*

Thymian leitet die Energie und Wärme aus unserem Inneren nach außen, so daß wir eine unübertroffen fröhliche Einstellung dem Leben gegenüber entwickeln können. Jetzt ist die Zeit gekommen, in der Sie sich all der kreativen Kraft, die Sie den ganzen Winter über gesammelt haben, bewußt werden sollten, um sie zu nutzen.

Wo schwarzer Pfeffer der Soldat ist, gilt der Thymian als unermüdlicher Arbeiter für das Rote Kreuz. Er ist eng mit Mut und Tapferkeit verbunden und kennt die Feldlazarette der Kreuzzüge ebenso wie die des Krimkrieges. Dieses kraftvolle Antiseptikum wurde eingesetzt, um das Gelbe Fieber zu bekämpfen und um bis zum Ersten Weltkrieg Lazarettböden zu schrubben.

Obwohl die Natur des Thymian eher extrovertiert ist, ist er sehr bescheiden. Er wächst auf der kärgsten Erde und gibt willig seine Essenz ab. Reich und arm haben ihn seit Jahrhunderten auf ihren Böden verstreut. Er hat eine besondere Beziehung zu Kindern, und er ist sehr nützlich, um besonders introvertierte Menschen zu behandeln. Das Kraut wurde benutzt, um die Matratzen von Kinderbetten damit zu füllen, und so Alpträume zu verhindern. Thymian wirkt gleichzeitig anregend und ausgleichend. Sein Duft ist nicht unbedingt dazu geeignet, den ersehnten Schlaf herbeizubringen, aber er verbannt die bösen Geister aus dem Schlafzimmer.

Ein Hauch von seinem belebenden Aroma, und Sie fühlen sich gesund. Benutzen Sie ihn, um kleine Ängste, dunkle Gedanken und die Sorgen des Winters zu vertreiben.

Thymian kann sehr unterschiedlich duften und hat viele verschiedene Eigenschaften, die allesamt davon abhängen, wo er gewachsen ist. Es gibt Thymianpflanzen mit einer rotglühenden Schärfe und solche, deren Duft und Wirkung sanft und besonders edel ist. Lassen Sie sich durch Ihren Aromatherapeuten oder Ihr Fachgeschäft beraten. Manche Thymianarten können Hautreizungen hervorrufen.

Thymian: Meditation

Diese hübsche Frühlingsmeditation gelingt am besten neben einem offenen Feuer.

Setzen Sie sich ruhig hin, geben Sie ein paar Tropfen Thymianöl in eine Aromalampe, und stellen Sie ein paar aufrichtige Betrachtungen über Ihr Leben an. Was motiviert Sie zur Zeit? In welche Richtung bewegen Sie sich? Überprüfen Sie die positiven und negativen Einflüsse, denen Sie unterliegen, diejenigen, die direkt auf Sie einwirken, ob zu Hause oder an Ihrem Arbeitsplatz. Gehen Sie geradewegs auf Ihr Ziel zu, oder lassen Sie sich lediglich treiben?

Die Wirkung des Thymians besteht darin, daß er ein paar Grundbedürfnisse des Menschen mit seinem emotionalen Zentrum in Einklang bringt. Atmen Sie tief und gleichmäßig, und nehmen Sie die sich verbreitende Wärme des Duftes in sich auf. Legen Sie Ihre Hände zusammen auf den Bauch, genau unterhalb des Nabels.

Atmen Sie ein:	Dehnen Sie Ihre Bauchdecke, und lassen Sie die Wärme in Ihren Körper fließen.
Atmen Sie sanft ein und aus:	Stellen Sie sich ein sich drehendes Rad aus warmen Rottönen vor.
Atmen Sie aus:	Lassen Sie seine positive Ausstrahlung nach außen dringen.

(Meditieren Sie so zwei- oder dreimal, dann entspannen Sie sich wieder, denn zuviel davon kann über Ihre Kräfte gehen.)

Laßt uns weitermachen!

Widder Vollmond: Der Mond des frühen Regens

Die Geranie (Pelargonium graveolens cultivar – und andere Arten)

... der Aprilhain, voller gelber
Schlüsselblumen...
in seinem grünen Kleid des
Überflusses ist voller
Freude... das glitzernde Wasser,
das klare Wasser, ein Ort
des Wohlbefindens, ein Ort,
um auszuruhen, ein Ort,
um neue Weisen zu lernen.

Edmund Price

Im April gibt es immer einen Tag, an dem plötzlich die gesamte Umgebung mit Grün bedeckt ist – und an dem es regnet. Wolken mit frühen Düften schweben durch die Luft, und mir kommt dann immer das

Aroma der Geranie in den Sinn. Ihre Kraft sorgt für inneres Gleichgewicht. Sie wirkt wie ein süßer und erfrischender Schauer, und ihr Grün kommt den anderen sechs Farben des Spektrums auf halbem Wege entgegen. Vielleicht ist das der Grund, warum wir sie in der Natur so oft sehen.

Die Essenz, die wir benutzen, entstammt dem Blatt einer Pflanze, die ursprünglich aus Südafrika kommt. Dieses ruhige, erfrischende Öl ist ein großer Schatz. Solch eine ausgleichende Kraft ist meist schwer zu beschreiben, denn sie schafft Harmonie, wo immer sie hinkommt. Ihre Duftnote variiert manchmal, aber meist handelt es sich um ein liebliches, helles ›Grün‹, das häufig von rosigen Untertönen durchsetzt ist. Der Duft der Geranie vermittelt den Eindruck von Weite, und er ist ein guter Hintergrundduft für jeden Raum, besonders dann, wenn Sie die Atmosphäre von Geschwätz, Klatsch oder unharmonischen Schwingungen reinigen wollen. Die Geranie ist duldsam und in der Lage, sich Ihren Bedürfnissen anzupassen, und unter dem Einfluß der Venus bringt sie einen Hauch von Romantik ins Haus. Sie liefert die ideale Essenz, um die rauhen Märzwinde auszugleichen und uns einer sanfteren Jahreszeit entgegenzutragen.

Geranie: Meditation

Zerstäuben Sie etwas Geranienöl im Raum.

Um Ihrem Geist und Ihrem Körper Raum zu geben und beides zu entspannen, stellen Sie sich vor, daß Sie auf der Spitze eines Berges stehen und einen Überblick über die Umgebung haben. Am Himmel steht ein herrlicher Regenbogen.

Stellen Sie sich ein weißes Licht vor, das alles umgibt und sich langsam in ein wunderschönes blasses, aber strahlendes Grün verwandelt. Führen Sie Ihr ganzes Sein in diesen frischen grünen Raum. Erforschen Sie diesen Raum, stellen Sie sich vor, daß er mit klarer, süßer Luft gefüllt ist. Atmen Sie tief ein, und erlauben Sie der Geranie, Ihren Geist zu reinigen.

Genießen Sie das, und dann lassen Sie das Grün sich langsam in Rosa und wieder in Weiß auflösen. Kehren Sie in Ihren ursprünglichen Raum zurück.

Diese Bilder von Farben, die ineinander verschmelzen, helfen uns dabei, die wechselnden Schattierungen unserer eigenen Persönlichkeit und unseres eigene Lebens zu verstehen.

Das Leben muß das Gleichgewicht entdecken.

Ostern:
Der erste Sonntag nach dem Vollmond im Zeichen des Widders

> Seht doch den herrlichen Regenbogen und preiset den, der ihn erschuf; er ist herrlich und strahlend. Er umspannt den Himmel in prächtigem Kreise, und die Hände des Allerhöchsten haben ihn gebogen.
>
> *Edmond Bordeaux Székely,*
> *Das Friedensevangelium der Essener*

Sämtliche Farben des Spektrums erscheinen in dem großartigen, schimmernden Rund des Regenbogens, gefiltert durch das Prisma von Regen und Sonnenschein. Für einen kurzen Augenblick ist es uns gewährt, einen Blick auf die Geometrie der Natur zu werfen – und dann ist es wieder vorbei. Ein Regenbogen ist wie ein Duft, wir können ihn niemals wirklich besitzen, er zeigt uns, daß unsere greifbare Welt nur Illusion ist.

Das Wohlriechende Veilchen (Viola odorata)

Wie der Regenbogen, so verschwindet auch der natürliche Duft des Veilchens, sobald er das Bewußtsein erreicht. Man fragt sich, ob man nur geträumt hat oder ob es Wirklichkeit war? Ein aus den Blumenblättern gewonnenes ätherisches Öl ist selten. Schon häufig hat man versucht, seine engelsgleiche Qualität zu kopieren, doch immer ist es fehlgeschlagen, aber das kühle Violett dieser bescheidenen kleinen Heilpflanze ist immer hochwillkommen. Versteckt wächst sie an feuchten, schattigen Orten, oftmals bewacht durch die blaßgelbe Schlüsselblume: Nach beiden müssen wir erst suchen, wenn wir ihre Duftnoten würdigen wollen.

Musik, wenn sanfte Stimmen sterben,
schwingt weiter noch im Geist –
Düfte, wenn süße Veilchen welken,
leben weiter im Sinn, den sie beseelten.

Percy Bysshe Shelley, 19. Jahrhundert

Stier

20. April – 21. Mai

Der große Geist ist unser Vater, aber
die Erde ist unsere Mutter. Sie er-
nährt uns. Das, was wir dem Boden
geben, das gibt sie uns zurück, und
Heilpflanzen gibt sie uns ebenso.
Wenn wir verletzt sind, dann kehren
wir zu unserer Mutter zurück und
lassen sie unsere Wunde berühren,
damit wir geheilt werden. Tiere tun
desgleichen, auch sie wenden ihre
Wunden der Erde zu.

Großer Donner, 1900

Neumond im Zeichen des Stieres: Der fruchtbare Mond

Der Stier ist das bodenständigste Erdzeichen des
Tierkreises; er repräsentiert die feuchte Fruchtbarkeit
der Erde. Er ist mit der Harmonie und Ruhe seiner
Herrscherin, der Venus, verbunden und hält die
Kraft der Erde mit unserer eigenen im Gleichgewicht.

Vetiver (Vetiveria zizanoides/ Andropogon muricatus)

Die Vetiver entstammt einer kräftigen Wurzel und gehört zu einer Pflanzenfamilie, die unsere heiligsten Nahrungsmittel hervorgebracht hat: Weizen, Gerste, Hafer, Mais, Reis, Hirse, sie alle sind Verwandte. Dem Mythos zufolge kommt die Vetiver aus dem Süden, d.h. von jenem feuchten, warmen Ort, wo Gefühl und Instinkt wohnen. Ihre Heimat sind die Tropen der südlichen Erdhalbkugel.

Ihr Geruch erinnert an die fruchtbare, schwarze Erde in den Gärten alter Landhäuser, und tatsächlich besitzt sie die gleiche schwarze Farbe. Sie stärkt und bildet ein festes Fundament für die Seele. Wer sich auf ihren Duft einläßt, dessen Geist wird licht und klar. Sie kräftigt das Muskelgewebe ebenso wie die Willenskraft und wird häufig eingesetzt, um Erschöpfungszustände zu behandeln. Die Hitze ihrer Heimat hat ihr die Qualität eines Aphrodisiakums verliehen. Schon seit Jahrhunderten wird sie im Osten als Parfüm hochgeschätzt. Sanskrit-Texte erwähnen eine aus ihr gefertigte Salbe, mit der man Bräute vor der Hochzeit einsalbte.

Die Vetiver weckt urzeitliche Erinnerungen in uns und zeigt uns den Wert irdischer Instinkte. In der Umgebung der Großstadt jedoch führt das oftmals zur Flucht in das Reich der Phantasie. Man benötigt eine realistischere Basis. Wenn Ihnen zuweilen der Bezug zur Wirklichkeit fehlt, dann holt die Vetiver Sie wieder auf den Boden der Tatsachen zurück. Wenn Sie den ganzen Tag lang einen sitzenden Beruf ausüben, dann erinnert sie Sie daran, daß Sie eine unnatürliche Teilung zwischen Geist und Körper vorgenommen haben. Und uns allen vermittelt sie Verantwortungsbewußtsein, sowohl uns selbst als auch der Umwelt gegenüber.

Vetiver: Meditation

Um ihre Wirkung etwas abzuschwächen, läßt sich die Vetiver gut mit Lavendelöl oder Zitrusöl vermischen, oder ebensogut auch mit Ölen ihrer eigenen Pflanzenfamilie, die erst später im Jahr heranwachsen. Für sich genommen wirkt das Vetiveröl schon, wenn Sie den Duft auf einen Riechstreifen auftragen, den Sie vor sich hinlegen.

Setzen Sie sich hin, richten Sie Ihr Gesicht nach Süden, und denken Sie an die Erde. Stellen Sie sich Ihre eigenen Wurzeln vor, die tief in die Erde eindringen, und umgeben Sie sich selbst mit einer fruchtbaren, braunen Aura. Denken Sie an Ihre Tiere und Pflanzen, und schließen Sie sie in Ihre Meditationen mit ein. Denken Sie vom ökologischen Standpunkt aus an Essenzen. Die Pflanzen müssen versorgt, geerntet und destilliert werden. Viele legen einen langen Weg zurück, ehe sie uns erreichen und werden von Menschen behandelt, deren Kultur und Umgebung eine andere ist als die unsrige. Wir können das Erlebnis des Duftes genießen, aber wir dürfen niemals vergessen, daß wir alle Teil eines Gleichgewichtes sind, das immer gefährdeter ist.

Nehmen Sie den Duft des Vetiveröls in sich auf, und wandern Sie barfuß über die Heilige Erde. Berühren Sie sie, und nehmen Sie ihren Segen entgegen.

Die Erde ist unsere Mutter, wir müssen für sie sorgen.

Vollmond im Zeichen des Stieres: Mond in voller Blüte

> Du siehst die Blumen, die ihren kostbaren Duft verströmen, doch niemand vermag zu sagen, wie aus so kleiner Höhlung solch süßes Aroma kommen kann.
>
> *William Blake, 18. Jahrhundert*

Wenn die Venus höher am Himmel steht, dann liegt in der Luft der Duft unschuldiger Romantik.

Lindenblüten (Tilia vulgaris)

Die dickflüssige, gold-braune Essenz der Lindenblüte kann in der Flasche fest werden und benötigt, ähnlich wie ein junges Herz, Wärme, wenn wir daran Gefallen finden wollen. Trotz ihrer Schönheit handelt es sich nicht um einen erotischen Duft: die Essenz duftet nach den frühen, unberührten Blüten. Ihr Aroma erinnert an den unschuldigen Funken der ersten Liebe, die kurz erblüht, bevor sie unter dem unbarmherzigen Einfluß gesellschaftlicher Zwänge dahinwelkt. Wenn wir es zulassen, kann die schwächste aller Erinnerungen durch das Aroma der Lindenblüte wie durch einen Kuß wieder zum Leben erweckt werden. Das ätherische Öl entstammt der Blüte der Linde. Ihr Aroma erinnert an Zitrusfrüchte, rein und lieblich, aber erheblich süßer ohne die durchdringende Note der Zitrone. Sie besitzt die Fähigkeit, die Seele von ungewollten oder häßlichen Gefühlen reinzuwaschen und bringt den Menschen Erleichterung. Sie beruhigt die Nerven, verhilft zu süßem Schlummer und stärkt das Selbstvertrauen, besonders bei jungen Leuten. Der Duft weckt zudem deren Sinnlichkeit, jedoch auf unschuldige, nicht auf herausfordernde Art und Weise.

Verwenden Sie nur geringe Mengen, und wenn Sie den Duft als zu schwer empfinden, dann mischen Sie ihn mit Zitrone oder mit Lavendel, der sich mit der Reinheit der Lindenblüte gut vertragen wird.

Lindenblüte: Meditation

Am besten morgens auszuführen.

> Als Kind, da wußte ich, wie man
> gibt... Jeder hübsche
> Stein kam mir damals kostbar vor;
> jeder wachsende Baum war
> mir verehrungswürdig ... Diese
> Gnade habe ich verloren,
> seit ich zivilisiert geworden bin.
>
> *Ohiyesa, Die indianische Seele*

Die Lindenblüte erlaubt Ihnen, sich wieder wie ein Kind zu fühlen. Wenn Sie können, dann stellen Sie sich für diese Meditationsübung die Farben der Kindheit vor, Rosa und Blau.

Geben Sie einen Tropfen Lindenblütenöl auf einen Riechstreifen und inhalieren Sie. Setzen Sie sich bequem hin, legen Sie sich eine Hand ins Kreuz und die andere unter den Nabel, zum Zentrum der Fruchtbarkeit.

Atmen Sie ein:	Hüllen Sie sich in die Farben wie in eine warme Decke.
Atmen Sie sanft ein und aus:	Denken Sie an die Verletzlichkeit einer jungen Seele, denken Sie an Ihre eigenen Kinder oder Ihre eigene Kindheit. Was geschah, wenn Sie erwischt worden waren, wenn Sie etwas Unartiges getan hatten? Wie fühlen Sie sich heute, wenn Sie Ihre eigenen Kinder zur Ordnung rufen?
Atmen Sie aus:	Erlauben Sie der Decke, jegliches Gefühl der Scham oder der Schuld, das diese Gedanken begleiten mag, in sich aufzunehmen.

Ich erkenne das Kind in meinem Inneren an.

Beltane:
Fest im Mai

> Sei frohgemut, denn ein großartiges Ereignis steht uns bevor: die Ankunft des Wonnemonats Mai, der entschlossen jeden Hang mit seinem Grün besiegt und sich ungestüm seinen Platz behauptet.

Dafydd ap Gwilym, ›Mai und Januar‹,
14. Jahrhundert

Die Kelten begrüßten diese ›Zeit des Lichts‹ mit großem Enthusiasmus, man traf sich auf Festen und Jahrmärkten. Der Maifeiertag war ein großes Fest des Feuers – eine Ehrung der Macht der Sonne neben der des Mondes.

Jetzt erschien wieder die Göttin als Zauberin, um auf den jugendlichen Sonnengott zu treffen, dessen Heimat das gesamte Universum war. Man bewegte sich nunmehr auf das leichtfertigere Tierkreiszeichen der Zwillinge zu, und so kamen die elfenhaften Nachtschwärmer mit ihren Streichen, Scherzen, mit Possenreißern und Narren zum Zug. Sie tanzten in prächtigen und farbenfrohen Gewändern einher: Safrangelb, Chromgelb und Moosgrün, Farben, die sich mit dem Rosa und Blau der frühen Sommerblumen vermischten.

Auch für uns ist dies noch immer eine bezaubernde, muntere Zeit voller farbiger Pracht und befreiender Energie. In dieser Zeit kann jeder junge Mann ein Gott und jedes Mädchen die Maienkönigin sein. Die Natur befindet sich in ständigem Austausch, ständiger Kommunikation, sie übersendet uns ihre Botschaft der vollendeten Harmonie.

Die natürliche Harmonie spiegelt sich in der Art und Weise wider, wie wir einen Duft komponieren. Die Kunst der richtigen Mischung ist uns aus alten Zeiten überliefert worden, und eine Methode der Überlieferung ist die, jeden Duft einer Melodie zuzuordnen.

> Nicht vergessen war der Liebe
> Sang auch, – feinste der Arzeneien,
> Mächtigster und stärkster Zauber,
> Mehr als Krieg und Jagd gefährlich!
> Also fand man ihn verzeichnet:
> Hier das Bild und hier die Deutung.
>
> *H.W. Longfellow, Hiawatha, 1854*

Seit dem Mittelalter wurde in vielen Kulturen romantische Musik auf der Gitarre gespielt, einem Instrument, das in der Lage ist, außerordentlich intensive Gefühle hervorzurufen.

Solche Musik wird meistens in G-Dur gespielt. Auf der durch den berühmten französischen Parfümeur Piesse entwickelten Skala wird das eingestrichene G mit der Orangenblüte oder Neroli gleichgesetzt. Dieses ätherische Öl ist zartgolden, ähnlich wie die spirituelle Farbe des Solarplexus, des zentralen Gefühlszentrums im Körper.

Neroli (Citrus aurantium bigaradia)

Diese zart weiße, erlesen duftende Blume, die so voller jugendlichen Charmes ist, ist ein bevorzugter Bestandteil von Brautbouquets. Ihr Name – Neroli – ist der einer Fürstin aus dem 16. Jahrhundert, und die beste Essenz daraus ist außerordentlich teuer, aber das sind Hochzeiten schließlich auch.

Wenn man diesen kostbaren, verführerischen und berauschenden Duft mit Musik gleichsetzen würde, dann entspräche das Aroma des Nerolióls sicherlich einem langsamen Walzer, dem letzten Walzer, dem vor der Verführung. In der Aromatherapielehre wird es als Aphrodisiakum gehandelt, dessen Schlüsselwirkung darin besteht, daß es die Zweifel und Ängste der Braut vor ihrer Hochzeitsnacht zerstreut.

Dies ist wohl auch ein Teil der Anziehungskraft der Orangenblüte: Wie ein Liebeslied bewegt sie sich auf dem schmalen Grad zwischen Unschuld und Wissen. Die Blüten selbst bestehen aus einem feinen Gewebe und hängen an einem dünnen Stengel. Wenn

man achtlos darüberstreicht, fallen Sie wie Schnee-
flocken zur Erde. Diese Blume spiegelt den flüchtigen
Zauber einer Hochzeitsnacht wider – und das gleiche
gilt für den Duft. Zuerst besitzt sie eine erfrischend
süße Schönheit, aber je länger der Duft in der Luft
liegt, um so mehr besteht die Gefahr, daß er überla-
den wirkt. Wenn Sie eine billige Variante des Duftes
einatmen, dann beschwört dies vielleicht eher anrü-
chige Boudoirs als keusche Ehebetten herauf.

Das Neroliöl steht in dem Ruf, den Rhythmus des
Herzens zu regulieren, was es besonders nützlich für
jeden macht, der unfähig ist, sich zu entspannen und
zu seiner Sexualität zu finden. Sie ist weltoffener als
die Lindenblüte, aber ihre Wirkung ist außerordentlich tröstlich. Wenn Sie einen plötzlichen Schicksalsschlag erlitten haben oder unter großer Angst leiden,
dann kann eine geringe Menge als mildes Beruhi-
gungsmittel wirken und Sie von tief eingewurzelten
psychologischen Ängsten befreien. Sie kann sehr
wertvoll sein, je mehr man sich auf das Geistige be-
sinnt und in einer Beziehung die höheren Werte erkennen lernt. Gehen Sie jedoch mit diesem Lied
ohne Worte sparsam um, wir befinden uns nicht
mehr im Reich der Unschuld.

Neroli: Meditation

Diese Meditationsübung ist besonders vor Hochzeiten oder anderen romantischen Ereignissen zu empfehlen. Sie ist auch gut nach einem Schicksalsschlag oder einem Ereignis, das Ihre Nerven in Aufruhr versetzt hat.

Wenn Sie den Duft für den Anfang zu übersättigt finden, dann versuchen Sie, Neroli mit Lindenblüten, Geranien oder Zitronenöl zu mischen.

Setzen Sie sich ruhig hin, und lauschen Sie auf den Rhythmus Ihres Herzschlages. Atmen Sie tief, legen Sie Ihre Hände über Ihren Nabel, und bewegen Sie sie in langsam kreisenden Bewegungen im Uhrzeigersinn darum herum. Stellen Sie sich ein blaß-goldenes Licht vor, das sie umgibt.

Wenn Sie gerade ein schreckliches Ereignis hinter sich gebracht haben, dann stellen Sie sich ein orangefarbenes Glühen vor, und lassen Sie es langsam in Rosa übergehen. Die Orangenblüte ist manchmal ein notwendiges Hilfsmittel, um mit seelischen Erschütterungen fertig zu werden, aber man muß sorgfältig damit umgehen.

Nehmen Sie den Duft in sich auf, und geben Sie ihm einen Platz in Ihrer Seele.

Entspannen Sie sich.

Ich bin ein stiller Quell der Stärke.

Zwillinge

21. Mai – 22. Juni

... der Sommer sitzt auf seinem
Thron und spielt die Laute; die Wei-
de, deren Harfe schwieg, als sie im
Winter dahinwelkte, läßt nun wieder
ihre Melodie erklingen – Still! Hör
doch! Die Welt lebt!

Thomas Telynog Evans

Neumond im Zeichen der Zwillinge: Mond des Lichts und der Schönheit

Dieser Mond leitet die Sommersonnenwende
ein. Der Einfluß der Sonne ist stark und scheint
die Luft zu beherrschen. Doch Vorsicht ist geboten,
denn noch immer sind wir sehr anfällig für Krankheiten. Die Zeit der Reife ist noch nicht gekommen.

Wenn man einen Stein, den man aus
dem Körper eines Menschen entfernt
hat, in Kamille einlegt, dann löst er
sich bald auf, und das in kürzester Zeit.

Nicholas Culpeper, 1653

Kamille (Chamaemelum nobile)

Die Ägypter weihten die Kamille der Sonne, und tatsächlich scheint sie in die Sonne verliebt zu sein, denn grundsätzlich wendet sie ihr das Gesicht zu. Gewinde aus diesen femininen kleinen Blumen wurden am Hals Tutenchamuns gefunden, und auch seine Sandalen waren mit Kamille-Motiven verziert. Was sagt uns das? Daß der Pharao lediglich darauf einherschritt, wie schon seit Jahrhunderten andere vor ihm auf Wiesen, die nach Kamille dufteten, gewandert waren, oder benötigte der Kind-König in Wirklichkeit viel mehr ihre sanfte, mitfühlende Hilfe?

Ihre grünen, aromatischen Blätter und das klassische Gänseblümchen-Gesicht verbinden auf ausgewogene Art und Weise geistige Klarheit mit Reinheit. Aber die Kamille birgt noch ein viel tieferes Geheimnis in ihrem Herzen. Durch Destillation gewinnt man in der Alchemie eine liebliche blaue Substanz, die man Azulen nennt, und die eine außerordentlich beruhigende und entzündungshemmende Wirkung hat.

Ihr fruchtiger, apfelähnlicher Duft dringt bis zum innersten Kern unseres Wesens vor. Die Kamille erkennt, wo wir besonders verletzlich sind, und sie erkennt unsere verborgenen Tugenden. Diese verwandelt sie und aktiviert dadurch die dem Menschen innewohnenden selbstheilenden Kräfte. All unsere Leiden führen letztendlich dazu, daß wir andere Menschen besser verstehen. Genau das gleiche bewirkt auch die Kamille. Sie weckt in uns ein Gefühl des Wohlbefindens und der Sicherheit und umgibt uns mit einer blauen Decke des Friedens. Da das ätherische Öl in dem Ruf steht, Steine erweichen zu können, hilft der Duft dabei, die Härte und Egozentrik, mit der wir uns selbst und andere antreiben, zu mildern.

Dies ist ein Duft, der uns dazu veranlaßt, uns fallenzulassen – sanft, ohne Widerstand. Er lockert den Griff, mit dem wir an alten Gewohnheiten und Gedanken festhalten. Er hilft Ihnen, wenn Ihre Energie erschöpft ist, besonders, wenn diejenigen Menschen dafür verantwortlich sind, die Ihnen am nächsten stehen und Ihnen am liebsten sind. Und er erleichtert den Trennungsschmerz, besonders den zwischen Müttern und Töchtern, wenn letztere heiraten oder das Haus verlassen. Auf beruhigende und versöhnliche Art und Weise hilft die Kamille auch in dieser unbeständigen Zeit des Jahres, den Energiefluß der Gefühle zum Zentrum des Herzens in Gang zu halten. Sie kann eingesetzt werden, wann immer man sie braucht.

Kamille: Meditation

Am besten abends auszuführen.

Meiner Meinung nach hat die Kamille die Fähigkeit, unterdrückte Ängste an die Oberfläche des Bewußtseins zu holen und eine sanfte, sehr weibliche Form der Weisheit zu aktivieren.

Es gab eine Zeit, in der der Menstruationszyklus der Frau von bestimmten Riten begleitet wurde. In manchen Gesellschaften zeugte dies von Respekt vor ihrem höheren Bewußtseinsstand, in anderen Gesellschaftsformen galt sie während dieser Zeit schlicht als unberührbar. Wie auch immer, sie war während dieses Zeitraumes etwas Besonderes. Das Wissen, das unsere Urahnen um die Macht dieser Einflüsse hatten, schlummert auch in unserer Seele. Wenn die betreffende Zeit des Monats sich nähert, dann können diese archetypischen Ängste stärker werden, weil das Unterbewußte den Körper auf ein Ereignis vorbereitet, das in unserem modernen Bewußtsein gar keinen Platz mehr hat. Die dadurch freigesetzte Energie muß irgendwohin fließen. Oftmals manifestiert sie sich einfach nur als leichte Temperaturschwankung oder in einer Schärfung der Wahrnehmung. Für diejenigen aber, die an dem Prämenstruellen Syndrom (PMS) leiden, kann diese Zeit schlimm genug sein, um ernsthafte Familienstreitigkeiten hervorzurufen.

Der Duft der Kamille ist eine wertvolle Hilfe, wenn

diese Art von Gefühl aufkeimt. Sie wirkt äußerst sanft; benutzen Sie sie, wann immer Sie sich überbeansprucht fühlen und glauben, mit den Problemen nicht fertig werden zu können. Sie kann Sie vor dem Abgrund schützen.

Setzen Sie sich in einen warmen, schwach erleuchteten Raum, und gehen Sie ebenso vor wie bei dem Duft des Neroliöls, aber stellen Sie sich diesmal ein liebliches, friedliches Blau vor, das in der Luft schwebt. Atmen Sie es ein, und lassen Sie es Ihr ganzes Sein durchdringen.

Und entspannen Sie sich.

Ich vertraue meiner weiblichen Kraft.

Vollmond im Zeichen der Zwillinge: Mond gnädiger Weisheit

> Die drei Monate des Sommers nennt man die Zeit des überschwenglichen Wachstums. Der Atem des Himmels vereinigt sich mit dem der Erde, und beide zusammen wirken wohltuend. Alles blüht, und Bäume und Sträucher beginnen, Früchte zu tragen... Der Pulsschlag des Herzens ist der der Natur.
>
> *Nei King*

Dieser Mond, der letzte Vollmond vor der Sommersonnenwende, hat eine ganz besondere Bedeutung.
Er läßt Kraft und Energie fließen, sowohl in unserem
Herzen als auch in der Natur. Gelegentlich wird be-
hauptet, daß dieser Mond die anderen Monde des
Mondzyklus wie durch ein unsichtbares Band zusam-
menhält. Es ist eine Phase intensiven Gefühls und
großer Kreativität. Ein Duft, der für diese Zeit des
Jahres besonders geeignet ist, ist Sandelholz, denn
sein ätherisches Öl hat eine ähnliche Wirkung auf
unsere Energiezentren wie der Mond.

Sandelholz (Santalum album)

Dies ist der Duft des Morgenlandes. Dort gilt er als
Aphrodisiakum, aber eines, das mit spirituellen Ei-
genschaften ausgestattet ist. Im Sanskrit heißt es
chandana, und die Japaner nennen es *sendan,* Träger
der Freude.
Das Holz selbst duftet sehr stark – es verströmt ein
wundervoll warmes, honigähnliches Aroma, das die
Sinne einhüllt. Viele Tempel wurden daraus gebaut.
Das ätherische Öl wird aus den Wurzeln und dem
Mark des Holzes, dem innersten Herzen des Baumes,

gewonnen, und zwar erst dann, wenn der Baum seine Reife erreicht hat und gefällt wird.[5]

Auf der physischen Ebene verfügt das Sandelholzöl über eine besänftigende Wirkung und erhöht die Gleitfähigkeit. Diese Eigenschaften sind wahrscheinlich der Grund dafür, daß es den Ruf eines Aphrodisiakums erhielt. Es fördert die Sexualität, aber ermöglicht gleichzeitig auch den Sinnen, eine höhere Ebene spirituellen Bewußtseins zu erreichen. Sein großer Wert liegt darin, daß man es für beide Zwecke nutzen kann. Seine uralte Weisheit übt eine mäßigende Wirkung aus und gibt uns die nötige innere Ruhe, um jeden Augenblick unseres Lebens voll auszukosten. Seine Wirkung auf die Psyche ist tiefgreifend, langanhaltend und sehr intim. Es fördert eine Atmosphäre der gegenseitigen Toleranz und der Offenheit, aber seine Fülle und Reife mindern die Furcht, die diese Geisteshaltung häufig begleitet. Wenn Sie nervlich sehr angespannt sind, dann ist Sandelholz ideal für Sie. Wenn Sie ein eher gelassener Typ sind, dann sollten Sie den Gebrauch einschränken. Wenn Sie bereit sind, eine höhere Bewußtseinsebene zu erreichen,

---

5 Das Mark des Holzes ist das innere Skelett des Baumes, und eigentlich handelt es sich um totes Holz. Um es zu gewinnen, muß man den Baum fällen. Die indische Regierung übt eine scharfe Kontrolle aus, und die Aromatherapie ist nur ein minimaler Bestandteil auf dem gesamten Absatzmarkt für Sandelholz. Trotzdem macht uns die Benutzung solcher Essenzen bewußt, wie gefährdet das Gleichgewicht auf diesem Planeten ist. (Siehe auch Rosenholz und Zeder.)

dann benutzen Sie Sandelholz regelmäßig bei Ihren Meditationsübungen. Es ist eine wertvolle Hilfe beim Aufbrechen von Gedankenstrukturen, die allzu analytische Wege gehen, was der geistigen Weiterentwicklung im Wege steht.

Sandelholz ist ein besonders lebenserhaltendes Öl; es ist Nahrung für die Seele. Benutzen Sie es, um das Wissen Ihrer Ahnen, das in Ihnen schlummert, zu erlangen und der Weisheit der Jahrhunderte Bahn zu brechen.

Sandelholz: Meditation

Sandelholz kann uns helfen, unseren inneren Meister zu finden: dieser allein kennt die Macht irdischer Wünsche, aber er weiß auch um die Notwendigkeit, seine eigene Lebensphilosophie zu entwickeln. Es handelt sich um einen außerordentlich nützlichen Duft, der entspannt und auch das geschwätzige Hirn zur Ruhe bringt.

Eine ideale Zeit für diese Übung ist, wenn Sie einen freien Abend vor sich haben, an dem Sie lesen oder Musik hören wollen.

Geben Sie etwas Sandelholz in eine Aromalampe. Zünden Sie eine Kerze an, und wenden Sie sich nach Osten. Sitzen Sie ruhig und atmen Sie sanft, wie Sie es bereits in früheren Übungen schon getan haben. Legen Sie Ihre Hände über Ihr Zwerchfell.

Stellen Sie sich ein hübsches Kastanienbraun vor, das der Erde entsteigt.

Atmen Sie ein: Nehmen Sie den Duft vollständig in sich auf.

Atmen Sie sanft ein und aus: Werden Sie sich Ihrer Hände bewußt, und lassen Sie die Farbe um Ihr Zentrum rotieren.

Lassen Sie den Duft nun die Energie in der Luft sichtbar machen, die sich in einem klaren weißen Licht manifestiert. Dieses Licht segelt langsam herunter, um sich mit dem Braun zu vereinigen.

Atmen Sie aus: Die sich vermischenden Farben gehen in ein sanftes Rosa über; lassen Sie Ihre Hände herabsinken und sich in das Rosa hineinfallen.

Machen Sie das zwei- oder dreimal, dann entspannen Sie sich, genießen Sie den Duft, und lassen Sie die Energie aus dessen eigenem Antrieb heraus fließen.

Ich kann mein eigener Meister sein.

Sommersonnenwende 21. Juni – Der längste Tag

> Gruß Dir, Sonne, Königin der Jahres-
> zeiten, die Du auf kräftigen Schwin-
> gen hoch durch die Lüfte und über
> den Himmel segelst. Du bist die
> glückliche Mutter der Sterne.
>
> *Traditionelles schottisches Gebet*

Endlich ist die Zeit gekommen, in der das Licht seinen vollständigen Triumph über die Dunkelheit fei-
ert – der längste Tag im Jahr ist da. Im Mittsommer
steht die Sonne am Himmel in ihrem Zenit, und Göttin und Mutter Erde befinden sich miteinander in
vollständiger Harmonie. Die natürlichen, fröhlichen
Melodien der Natur rührten die keltische Seele und
spiegelten sich in ihren Gedichten und Liedern wider. Musiker und Barden waren geachtete Mitglieder
der Gesellschaft. Sie reisten im Land umher und ver-
breiteten sowohl Neuigkeiten als auch ihre Botschaften von Liebe und göttlicher Führung.
Diese Tradition wurde im Mittelalter von den
Troubadouren wieder aufgenommen, die mit Hilfe
neuer Lehren, Melodien und neuer Instrumente aus
dem Osten versuchten, durch ihre Lieder den Geist
der Weiblichkeit wiederzubeleben. Man sagt, daß sie
ursprünglich aus dem Languedoc, aus Südfrankreich,

kamen, wo die Fülle aromatischer Kräuter und Blumen den Grundstein für die frühe europäische Parfümindustrie legte.

Auf Gemälden, wo sie mit Minnesängern, Lauten und lieblichen Edelfräuleins zu sehen ist, tritt auch ihr Wahrzeichen der Liebe, die Rose, in Erscheinung.

Rose (Rosa damascena; Rosa centifolia – und andere Arten)

Der ausgewogenste aller Düfte, eine wahre Symphonie. Bis jetzt ist er durch kommerzielle Nachahmungsversuche unerreicht.

Er besteht aus vielen verschiedenen Chemikalien, die so perfekt aufeinander abgestimmt sind und so harmonisch zusammenwirken, daß der Gesamteindruck der eines einzigen Duftes ist. Chemiker sind nicht in der Lage, dieses Aroma künstlich herzustellen.

Die Rose wirkt direkt auf das Herz. Sie reinigt und aktiviert unsere sämtlichen Energiezentren. Von dieser Blume, die ganz mit sich selbst im Einklang ist, können wir lernen, wie wir den Fluß des Lebens in uns selbst am besten in Gang halten. Der Mittsommer ist die Zeit im Jahr, in der die Rose als Königin der Blumen regiert, und ihr herrlicher Duft ist der ideale Führer für eine Meditation an diesem Tag.

Ist wie ein Gruß vom Himmel. Ist bereits zu stark, als daß man's ertragen kann.

Richard Strauß,
Der Rosenkavalier, 1911

Die Rose steht für die Macht des Himmels auf Erden. Ihre Blüte steht im Licht, und ihr kräftiger Wurzelstamm ist fest in der Erde verankert. Dies zeigt uns, daß Weisheit, die nach Höherem strebt, auch durch irdische Freuden Nahrung finden kann – dies wird symbolisiert durch die Frucht der Hagebutte, die zum Vorschein kommt, wenn die Rose verwelkt ist.

Die Blätter und Blüten sind spiralförmig angeordnet und erhalten so ein Maximum an Licht und Energie durch die Sonne. Früher sagte man, daß die Form der ursprünglichen Wildrose mit ihren fünf herzförmigen Blättern dem fünfstrahligen Stern, dem Symbol für den Mikrokosmos – für den Menschen also, entspreche. Dies mag die inspirative Quelle der herrlichen Rosendarstellungen auf Kathedralenfenstern gewesen sein.

Für die Araber repräsentierte die Rose das Höchste geistiger Vollendung unter den Blumen und ihnen gebührt der Ruhm, das erste ätherische Öl der Rose produziert zu haben. Es wurde aus der Damaskus-Rose, der *Rosa damascena*, gewonnen, deren Öl auch heute noch dann am besten ist, wenn sie in ihrem Ursprungsland gewachsen ist. Ihre tiefrosa Färbung gleicht dem Rot des Planeten Mars, besitzt jedoch eine spirituellere Note. In der Musik wurde ihr Duft mit dem eingestrichenen C in der Musik gleichgesetzt. Die Venus verleiht der Rose ihren Ruf als Blume der Liebe und macht ihren Duft zum Duft des Herzens, doch er ist nichts für schwache Herzen! Diese Liebe ist Ausdruck des Mutes und des Mitleids, Kummer und Leiden zu besiegen. Die Rose vermag die männliche Kraft zu mildern, ihr eine weibliche Note zu verleihen, die heilt und bewahrt.

Oh, wie ist Schönheit zwiefach schön und hehr,
Wenn Sie der Wahrheit goldner Schmuck erhebt!
Die Ros' ist lieblich, aber lieblicher
Macht sie der Wohlgeruch, der in ihr lebt.

William Shakespeare, Sonett 54

Rose: Meditation

Nehmen Sie eine tiefrosafarbene Rose zur Hand. Legen Sie einige Blütenblätter in eine Schüssel mit Wasser, und stellen Sie diese an ein offenes Fenster, in das die untergehende Sonne hineinscheint. Fügen Sie zwei Tropfen Rosenöl hinzu.
Der Duft erfüllt den ganzen Raum. Zünden Sie eine Kerze an, möglichst eine rosafarbene. Löschen Sie

das Licht, setzen Sie sich hin, und schließen Sie die
Augen. Entspannen Sie Ihren ganzen Körper.
Atmen Sie eine Weile sanft und gleichmäßig. Atmen
Sie den Duft der Rose ein, der sich mit den Wohlge-
rüchen des Sommers vermischt.

Atmen Sie ein:	Stellen Sie sich vor, daß Ihr Kör-per mit klarem weißen Licht ge-füllt ist.
Atmen Sie sanft ein und aus:	Beobachten Sie das weiße Licht, wie es sich in ein weiches Rosa verwandelt, das Sie einhüllt. Spü-ren Sie, wie die Großzügigkeit dieses rosafarbenen Lichts alle ne-gativen Gedanken und allen Kummer in sich aufnimmt und in Nahrung für die Rose umwan-delt. Und eben diese Rose ist es, die wiederum Ihrer Seele Kraft verleiht. Nehmen Sie ihr Mitgefühl und ihre Weisheit in sich auf; spüren Sie, wie jede Zelle Ihres Körpers davon durchdrungen und wieder-belebt wird.

Atmen Sie aus: Denken Sie an die Eigenschaften,
die die Rose symbolisiert.

*Ich bin wieder ein Ganzes, glücklich im Leben
und in der Liebe.*

Krebs

23. Juni – 22. Juli

Dies ist das einzige Zeichen des Tierkreises, das unter der Herrschaft des Mondes steht. Es strahlt sowohl Schönheit als auch Ruhe aus.

Neumond im Zeichen des Krebses: Mond der Freude

Dieser Neumond fällt oftmals in die Zeit der Sommersonnenwende, und wenn dies der Fall ist, dann ist sein Einfluß auf uns Menschen besonders groß. Der im folgenden beschriebene Duft vermag die reinigende Wirkung der Rose noch zu steigern.

Bergamotte (Citrus bergamia)[6]

(Nicht zu verwechseln mit dem Kraut *Monarda didyma,* das man ebenfalls als Bergamotte bezeichnet.)
Diese bittere Frucht bringt ein ätherisches Öl hervor, dessen wunderbares Aroma erfrischend süßlich-zitronig und gleichzeitig schwach nach Birne duftet. Der Legende zufolge handelt es sich um eine Kreuzung zwischen der Birne und einer Zitrusfrucht. Dies ist niemals bewiesen worden, aber man ist leicht geneigt, dieser Legende Glauben zu schenken, wenn man den Duft der Bergamotte einatmet. Es handelt sich um eine lieblich grüne Frucht, ihr Duft ist vergleichbar dem Duft der Geranie, eine ausgleichende Kraft der Natur, die Ihre Seele auf vielen Ebenen erreicht.
Sie ist durchströmt vom Licht und der Sonne Süditaliens. Setzen Sie sie also ruhig auch in späteren Jahreszeiten ein, in denen das Licht schwächer wird; Ihre Instinkte werden auf die sonnige Freundlichkeit dieser Frucht sehr positiv reagieren. Sie hebt die Stimmung und schärft die Sinne, ohne sie übermäßig zu stimulieren. Sie vermittelt uns das Gefühl, völlig ›da‹ zu sein. Sie stellt eine hervorragende Raumbeduftung

---

6 Wenn man es auf die Haut aufträgt, dann erhöht das Öl der Bergamotte von allen Zitrusölen am stärksten die Lichtempfindlichkeit der Haut.

dar, für sich genommen ebenso wie als Bestandteil einer Duftmischung. Sie erfüllt Ihr Leben mit Freude. Die Bergamotte öffnet Ihr Herz, damit Sie die reine Liebe der Rose in sich aufnehmen können.

Bergamotte: Meditation

Ich empfehle Ihnen nicht, mit der Bergamotte zu meditieren. Aber sie steigert die Fähigkeit des Geistes, Licht wahrzunehmen und in sich aufzunehmen. Wann immer Sie also ein Gefühl unbeschwerter Freiheit genießen wollen, atmen Sie ihren Duft ein, um den Sonnenschein hereinzulassen. Er vermag Ihnen das angenehme Gefühl der Schwerelosigkeit an heißen, bedrückenden Tagen zu geben. Menschen, die den ganzen Tag im Büro verbringen, empfehle ich, Bergamottenöl in einen elektrischen Raumbedufter zu geben, um die Luft damit zu erfrischen. Dieser Duft fördert die Wachsamkeit, wirkt aber nicht so stimulierend wie andere Düfte. Manche behaupten, daß er sie wach macht, andere wiederum haben die Erfahrung gemacht, mit seiner Hilfe hervorragend schlafen zu können.

Ich fühle mich frei.

Vollmond im Zeichen des Krebses:
Strahlender Mond

Der Vollmond im Zeichen des Krebses, der hoch
über dem Blaßgold des reifen Korns steht, ist der
Mond der Liebenden. Die Wärme und die Reife des
Sommers ermutigten die Menschen, tiefere Beziehungen einzugehen, besonders am Abend, wenn die
Luft schwer ist vom berückenden Duft des Geißblattes. Der Nektar des Geißblattes ist für Bienen schwer
zu erreichen, also lockt sein Aroma nachtaktive Insekten an. Leider ist das ätherische Öl bislang kaum
erhältlich. Imitationen kommen dem Original absolut nicht nahe, üblicherweise handelt es sich um Mischungen mit anderen Exoten wie dem Rosenöl, dem
Neroliöl und seinem Erzrivalen, dem Jasminöl.

Wilder Jasmin (Jasminum officinalis)

Der Jasmin ist ein warmes, freundliches Gewächs. Es wird von Jupiter
beherrscht und gedeiht im Sternzeichen des Krebses ... Das Öl wird
durch das Einweichen der Blütenblätter gewonnen und zur Herstel-

lung von Parfüms benutzt. Es vertreibt schlechte Laune und Verstim-
mungen ...

Nicholas Culpeper, 1653

Wo Neroli die Sinnlichkeit fördert, da verhilft die
Rose zur bedingungslosen Hingabe. Jetzt sind wir in
der Lage, diese beiden Komponenten miteinander in
Einklang zu bringen, da der Jasmin diese Trilogie der
Liebe vervollständigt.

Die kühlen, wächsernen Blüten des Jasmins öffnen
sich erst in der schwülen Abendluft und müssen vor
dem Morgengrauen gepflückt werden, zu jener Tages-
zeit also, wenn sie am stärksten duften. Die Blüten
bringen einen Duft hervor, der mit dem Glanz der
Sonne und der magnetischen Kraft des Mondes verwandt ist. Ein Tropfen auf der Hand ist wie ein Juwel,
die Gabe eines Zauberers, die die Macht besitzt, zu
verwandeln. Jahrhundertelang war dieser charismati-
sche Duft der Lieblingsduft von Sultanen und Kai-
sern. Er repräsentiert das Reiche und Schöne und
läßt das Überflüssige und Triviale verschwinden. Ihn
einzuatmen ist ein erhebendes Gefühl.

Das Jasminöl ist der Guru unter den Ölen, und wenn
man ihm Zeit läßt, dann enthüllt es die Wahrheit, die
hinter dem äußeren Schein liegt. Wie Sandelholz ist
ihm die Versuchung nicht fremd, aber im Gegensatz
zur friedlichen Natur des Sandelholzes hat Jasmin

eine leidenschaftliche Anziehungskraft, deren tatsächliches und letztendliches Ziel es ist, mit Hilfe des Feuers der ewigen Liebe niedere Triebe zu verbrennen. Wenn Sie Realist sind, der nach höherer spiritueller Erkenntnis strebt, dann ist dies die ideale Essenz für Sie.

Das Jasminöl vermindert Apathie, Furcht und Schüchternheit und wirkt als machtvolles Aphrodisiakum auch auf einer weltlichen Ebene. Sie sind noch nicht bereit für das Nirwana? Kein Problem, es hilft Ihnen dabei, mit Ihren Idealen aus dem vorigen Jahrhundert, die hinter der Fassade des 20. Jahrhunderts noch immer hervorlugen, fertig zu werden. Jasmin ist ein Meister in der Kunst der Verführung, es schafft für Romantik den richtigen Rahmen und entschleiert den schönen Schein. Wenden Sie es bei zunehmendem Mond für Erfolg in der Liebe an und bei abnehmendem Mond, um Untreue aufzudecken.

Das natürliche ätherische Öl des Jasmins ist außerordentlich teuer, und es gibt eine Menge billiger Imitationen. Seien Sie vorsichtig. Mehr als vielleicht jedes andere Öl muß Jasmin mit dem größten Respekt behandelt werden. Auch ein Guru kann der Korruption anheimfallen, und je größer die Weisheit, um so tiefer sein Fall.

Seine Majestät überwältigt mich, ich wage nicht, weiterzuschreiben.

Meine nachdenkliche Sara! Wenn du
deine sanfte Wange/ so auf meinen
Arm lehnst, ist es höchst besänftigend
und schön, / neben unserer Hütte zu
sitzen, unserer Hütte, / von weiß-blü-
hendem Jasmin überwuchert und der
breitblättrigen Myrte/ (...) /und die
Wolken zu beobachten, die gerade
noch voller Licht waren, / (...)

Samuel Taylor Coleridge, ›Die Äolsharfe‹

Jasmin: Meditation

Setzen Sie sich für eine Abendmeditation an ein offenes Fenster und sehen sich den wunderschönen
Mond im Sternzeichen des Krebses an. Laden Sie ihn
zu sich ins Zimmer ein.
Geben Sie einen Tropfen Jasminöl auf einen Riechstreifen oder in eine Duftlampe. Zünden Sie eine
Kerze an.
Die Essenz selbst ist tief gold-braun. Diese Farbe deutet darauf hin, daß der Jasmin über die Fähigkeit verfügt, wenn nötig noch tiefere Energien freizusetzen.
Der Duft ist so kraftvoll, daß man sich nicht anstren-
gen sollte, wenn man ihn einatmet. Eine dazu passen-
de Farbe, die, wie ich finde, leicht vorstellbar ist, ist
ein sehr blasses Gold und zuweilen auch Lila.
Atmen Sie einfach nur sanft und langsam, und umgeben Sie sich mit farbigem Licht. Während Sie einat-

men, lassen Sie es ihren Körper durchdringen. Sie
werden seine volle Energie spüren. Atmen Sie aus,
und behalten Sie seine Wärme. Denken Sie an die
Dinge, die Sie am liebsten erreichen möchten.

Schon allein wegen seines Preises, wenn nicht allein
aus anderen Gründen, sollte Jasminöl für besondere
Gelegenheiten aufbewahrt werden. Wenn Sie etwas
Wichtiges erreichen wollen, nehmen Sie seine edlen
Eigenschaften in sich auf und lassen Sie sich von dem
Duft leiten. Sie können jemandem auch einen Trop-
fen anbieten, zu Ehren einer besonderen Gelegenheit.
Ich habe eine Freundin, die immer etwas Jasmin auf
ein Taschentuch träufelt und dies bei Taufen ver-
schenkt. Oder laden Sie Ihren Liebsten manchmal
zum Abendessen ein, und versprühen Sie ein paar
Tropfen im Raum – sehen Sie selbst, was passiert.

Glauben Sie an Ihre Träume.

Löwe

23. Juli – 23. August

Wenn das Korn reif wurde, waren die Menschen schon seit jeher voll großer Zuversicht und Optimismus. Jetzt ist die Zeit angebrochen, da alte Rechnungen beglichen und neue Verbindungen geknüpft werden.

Der Neumond im Zeichen des Löwen: Süßes Korn – Die Vorbereitung auf die Ernte

Wenn die Schnitter ihre Sensen und Sicheln schärften, wurden die Getreidegötter auf den Feldern aufgestellt, um bald darauf symbolisch gemäht zu werden. Der griechischen Sage zufolge war dies die geschäftigste Zeit für die Göttin Demeter und ihre liebliche Tochter Persephone, die aus der Unterwelt kam. Währenddessen blieb der einsame Ehemann Pluto in der Unterwelt allein. Wer kann es ihm verdenken, daß er mit einer bodenständigen, aber recht hübschen Nymphe namens Menthe herumtändelte? Als Persephone dies herausfand, war sie vor Eifersucht ganz krank und verwandelte Menthe in ein Kraut.

Jetzt, da seine Nymphe fest verwurzelt war, kühlte sich auch Plutos äußere Glut wieder ab, aber Menthe bewahrte die ihre in ihrem Herzen. Genau das ist die Wirkung der Pfefferminze.

Pfefferminze (Mentha piperita)

Jeder, der vom Feld kommt und einen Sonnenstich hat, wird die kühlenden Eigenschaften der Pfefferminze schätzen. In der schwülen Hitze des Hochsommers, wenn die Energie des Körpers nach außen strebt, kühlt die Pfefferminze die Haut, beläßt aber trotzdem die innere Wärme, die für eine gute Verdauung benötigt wird. Ihre leichte, feuchtigkeitsspendende Wirkung ist reinigend und konzentrationsfördernd, sie macht den Kopf klar und erfrischt den müden Geist. Die anfänglich eisige Kühlung kann stimulierend wirken, so daß man nur eine geringe Menge benötigt. Nachts sollte man die Pfefferminze möglichst nicht anwenden.

Sämtliche Minzesorten sind wunderbare Gartenpflanzen, und ihre lieblichen, gezahnten Blätter behalten ihren Duft lange Zeit. Trocknen Sie sie, und streuen Sie sie in Gefäße, die Sie rund um das Haus aufstellen, um die Luft rein und klar zu halten. Meditieren Sie nicht mit diesem Öl, inhalieren Sie es, um ihren Kopf klar zu machen, oder mischen Sie es mit Lavendel, einem hervorragenden Begleiter an heißen Sommertagen.

Lugnasadh: Der Beginn der Ernte: 31. Juli

Dies war das längste Fest, denn die Ernte dauerte von jetzt an bis zur Tagundnachtgleiche im Herbst. Es war dem keltischen Helden Lug gewidmet, der starke Ähnlichkeit mit dem Gott Merkur besitzt.

Lavendel (Lavendula angustifolia/officinalis)

> Wenn man die Schläfen damit einreibt oder ihn unter die Nase hält, dann vermindert er die Launen und Leidenschaften des Herzens sowie Schwächeanfälle und Ohnmachten.
> *Nicholas Culpeper, 1653*

Der Duft des Lavendels reist durch die Sinne und erreicht sowohl das Reich der höheren geistigen Sphären als auch das der Grundinstinkte. Alle alten Meister sind sich darüber einig, daß diese Pflanze von Merkur beherrscht wird, dessen flüssige Energie sich mit Leichtigkeit durch die Welt bewegt. Eine vielseitige Heilpflanze.

Die Wärme des Lavendels stärkt den Stoffwechsel, gleichzeitig schenkt er dem Hirn Kühlung und bekämpft erfolgreich Trübsinn, Migräne, Herzklopfen und Hysterie. Die lieblichen violett-blauen Blüten bezeugen, daß es sich hier um einen Meister der Heilkunst handelt. Greifen Sie danach, wann immer Sie zusätzliche Hilfe benötigen. Ein qualitativ hochwertiges Lavendelöl ist sanft zur Haut und wird häufig eingesetzt, um Schnitt- und Brandverletzungen zu behandeln.

Diese universell einsetzbare, reine Pflanze existiert bereits seit Jahrhunderten. Ihre regelmäßig angeordneten, silbrigen Blätter zeugen davon, daß sie hohe Ideale besitzt und sich gerne den Gegebenheiten anpaßt. Ihr Name ist von dem lateinischen Wort *lavare*, waschen, abgeleitet, und tatsächlich war sie bei den alten Römern ein beliebter Badezusatz. Solch ein eher pragmatisch gesonnenes Öl mag zwar keine romantische Wirkung besitzen, trotzdem verfügen manche Lavendelpflanzen über einen wirklich schönen Duft, jeweils abhängig von der Jahreszeit und den Standort der einzelnen Pflanze. Da die Nachfrage nach Lavendelöl so groß ist, ist auch die Versuchung groß, es zu mischen, um den Erwartungen der Verbraucher entgegenzukommen. Tun Sie das bloß nicht!

Lavendel: Meditation

Der Duft des Lavendels ist sehr nützlich, wenn sich ein Streit zusammenbraut, ein Gefühl der Unzufriedenheit aufkeimt oder der Verlust von Harmonie droht. Geben Sie ein paar Tropfen Lavendelöl in eine Duftlampe oder auf ein Taschentuch.

Schließen Sie Ihre Augen, atmen Sie sanft, und stellen Sie sich einen breiten Fluß vor. In der Mitte des Flusses steht ein wunderschöner Baum, der mit malvenfarbenen Blüten bedeckt ist. Sie würden ihn gern berühren, aber Sie wissen, daß Sie das Wasser nicht überqueren können, also sitzen Sie einfach nur da und bewundern ihn. Dann sehen Sie jemanden im Wasser auf Sie zuschwimmen. Dieser Jemand reicht Ihnen einen kleinen Zweig von diesem Baum. Die Farbe der Blüten ist strahlend, und der Duft breitet sich überall aus. Sie nehmen den Zweig an, und wenn Sie den Duft einatmen, schmilzt Ihre Umgebung dahin und füllt sich mit sanftem, malvenfarbenen Licht. Öffnen Sie dann langsam wieder die Augen.

Ich nehme die Gaben der Natur voller Dankbarkeit an.

Vollmond im Zeichen des Löwen: Der Mond der Ernte

Eingetan ist aller Wildreis,
Und der Mais ist reif und rehe;
Laß uns sammeln drum die Ernte,
Laß uns ringen mit Mondamin,
Ab von ihm die Federn streifen,
Seine grün und gelben Kleider!

*H.W. Longfellow, ›Das Segnen der Kornfelder‹,
Hiawatha, 1854*

Das Ritual, bei dem während der Ernte der Getreidegott gemäht wurde, markiert einen wichtigen Einschnitt im Leben vieler verschiedener Kulturen. Die Indianer an den großen Seen nannten den Getreidegott ›Mondamin‹, er wurde oftmals mit dem keltischen Helden Lug gleichgesetzt, ebenso mit dem Gott Merkur und mit Osiris, der, so geht die Sage, die alten Ägypter lehrte, wie man Korn anbaut. Dieses Ereignis verwandelte sie von einer Gesellschaft der Jäger und Sammler in eine , die sich fest ansiedelte, Ackerbau betrieb und in gewissem Maße die Kontrolle über das Land erlangte. Die Ähren des wilden Korns platzen auf, wenn sie reif sind und überlassen ihre Samen dem Wind, wohingegen die Ähren des kultivierten Korns das nicht tun, so daß sie gelagert werden können. Die Zähmung dieser besonders unabhängigen Pflanzen war für die Entwicklung der Menschheit von besonderer Bedeutung.

> Joseph sagte zu dem Volk: »Seht, ich habe heute euch und eure Äcker für den Pharao erworben. Da habt ihr Saatkorn, damit ihr das Ackerland besäen könnt.«
>
> *Genesis 47/23*

Bei den meisten Kornarten handelt es sich um Gräser aus der gleichen riesengroßen Familie, aus der auch die Vetiver stammt. Alle Mitglieder dieser Familie besitzen weitverzweigte, miteinander in Verbindung stehende Wurzelsysteme, die ihnen einen hohen Grad an Stabilität verleihen. In manchen Gebieten, wie zum Beispiel im Buschland, spielen bei religiösen Riten die Gräser dieselbe Rolle wie sonst Bäume. Die Gräser der nördlichen Erdhalbkugel besitzen sehr wenig Farbe und Duft.
Weiter südlich jedoch, besonders in den Tropen, pro-

duzieren sie erfrischende und liebliche Düfte, wie beispielsweise das Lemongras und die Palmarosa.

Lemongras (Cymbopogon citratus und flexuosus)

Dieses kräftige Gras kann drei oder vier Mal im Jahr geerntet werden und setzt ein stimulierendes und manchmal etwas aggressives Öl frei. Ein ätherisches Öl für Frühaufsteher im wahrsten Sinne des Wortes; öffnen Sie die Flasche und Ihnen werden die Sonnenstrahlen der Tropen entgegenspringen.

Das Öl ist ein dunkles Gelb-Gold und die Kraft des Grases spiegelt sich im Duft des Öls wider. Die vorherrschende Note ist die der Limone, nur kräftiger und unverwüstlicher. Es wirkt stimmungshebend und stärkend und belebt den Geist durch eine frische Brise. Der liebliche, lebhafte Duft hilft, mit den unvorhersehbaren Ereignissen des Alltags fertig zu werden. Wenn Sie eine Überraschung erlebt haben, unter Alltagsstreß leiden, Sport getrieben haben oder sich auch nur in der U-Bahn durch das Gedränge quälen mußten, dieser Duft wird Sie innerhalb von Sekunden wieder beleben.

Es handelt sich dabei um ein antiseptisches Tonikum, das einen hervorragenden Raumerfrischer abgibt, besonders zu dieser Jahreszeit, während der die Feuchtigkeit des Spätsommers Pilzinfektionen, Moskitos und Fliegen begünstigt.

Das Lemongras ist keine spirituelle Pflanze, es steht für die praktische Seite und die Dienstbarkeit, die alle Pflanzen aus dieser Familie uns erweisen.

Palmarosa (Cymbopogon martinii)

Die Palmarosa ist ein anmutiges, feminines Gras mit kleinen Blüten, und sie verbreitet ihren Duft wie eine Andacht in der warmen Abendluft. Sie besitzt ein feines, etwas kapriziöses Aroma: Wenn Sie es über einen längeren Zeitraum hinweg einatmen, wird es mit Ihren Sinnen sein Spiel treiben. Mit ihrem frischen Grün erinnert die Palmarosa sehr an die Geranie, besitzt aber auch Schattierungen anderer Blumen. War dies ein Anklang an die Rose? Möglich, denn die Palmarosa wird gern eingesetzt, um Rosenöl zu verfälschen. Oder war es etwa Orangenblüte? Sanft streichelt sie Ihren Geist, ihr Duft ist wie ein kleiner Blumenstrauß. Solche Düfte sind sehr wertvoll, denn sie bieten eine gute Gelegenheit zum Training unserer instinktiven Reaktionen auf Aromen. Die Palmarosa ist freundlich und verträgt sich gut mit anderen Ölen. Sie sorgt für das nötige Gleichgewicht, und das auf einer etwas durchgeistigteren Ebene als die Geranie.

Ihre Farbe ist ein blasses Grün, das auf schwere Düfte mäßigend wirkt. Ich liebe sie.

Lemongras und Palmarosa: Meditation

Beide Düfte sind sehr nützlich, wenn man sie während des Spätsommers im Raum verteilt, um eine unbeschwerte Atmosphäre hervorzurufen. Die Palmarosa ist von besonderem Nutzen, um die Luft mit sanfter Romantik zu erfüllen.

Beide symbolisieren den Geist der Ernte, Glück, Gesang und Tanz. Eine Zeit der Kommunikation, besonders mit Hilfe des in der Kehle sitzenden Energiezentrums. Die Kelten nannten diese Zeit *cantlos* – ›Zeit des Gesanges‹, und die Volksmusik mit Flöten und Geigen wird häufig damit assoziiert.

Wie die Musik bringen diese Düfte Licht und Luft und sind Ausdruck des Gefühls. Aber es ist ein Gefühl, das gelernt hat, sich selbst zurückzunehmen und es sich so leisten kann, sich zu entspannen und der Panflöte mit reiner Freude zuzuhören.

Ich empfehle Ihnen nicht, mit Lemongras zu meditieren, aber mit Palmarosa machen Sie am besten die Meditationsübung, die Sie bereits mit der Geranie kennengelernt haben, vielleicht im Garten, während die Laute des frühen Abends an Ihr Ohr dringen. Die Farbe Rosa können Sie durch ein sehr blasses Lila ersetzen. Je weiter das Jahr voranschreitet, um so durchsichtiger werden die Farben – versuchen Sie, Ihrem geistigen Auge das sichtbar zu machen.

Es ist schon richtig, sich fallenzulassen.

Jungfrau

23. August – 22. September

Als Erdzeichen, das dennoch von Merkur beherrscht wird, besitzt die Jungfrau eine sanfte Majestät. Sie begleitet die Ernte bis zum Ende und schenkt den Menschen segensreichen Wohlstand, bevor der Winter beginnt.

Neumond im Zeichen der Jungfrau: Mond der Tanzenden Winde

Und der Südwind, warm und brünstig,
Warm von Seufzern Shawondasees,
Kam gewandert durch die Steppe,
Bis die Luft voll schien von Flocken,
Voll von Distelflaum die Steppe...

H.W. Longfellow, ›Die vier Winde‹,
Hiawatha, 1854

Kardamom (Elettaria cardamomum)

Wenn der gütige Südwind sich in die Arme des weisen, alten Mudjeekewis wirft, dann fliegen aus dem Westen Wolken voller reifer Samen und Pollen durch die Lüfte.

Die zarten Samenhülsen des Kardamoms sind so leicht wie Gaze, die leichteste Brise könnte sie forttreiben. Dies ist ein herrlicher Duft, aber ein ätherisches Öl braucht man nicht zu kaufen. Ich habe in meiner Küche ein kleines Glas mit den Samenkörnern stehen, und wenn ich vorbeigehe, kann ich einfach nicht widerstehen: Ich muß den Deckel öffnen, und der Duft nimmt mir buchstäblich den Atem.

Das Aroma des Kardamoms hat das Licht und die Wärme aus dem Hochgebirge Südindiens, wo er zu Hause ist. Der erste Eindruck ist der einer trockenen, würzigen Süße, aber es schwingt noch etwas anderes mit, eine Note, die sich im Bewußtsein wie in einem Seidenkokon einnistet und schwer zu beschreiben ist. In dem Augenblick, da ich den Duft wahrnehme, verlasse ich die Gegenwart. Wo es mich hinträgt, kann ich nicht sagen, aber ich kehre mit klarem Kopf und dem Bewußtsein, einfach ›da‹ zu sein, wieder zurück.

Es war eines der ›Gewürze Cäsars‹, und als beruhigende Arznei wurde der Kardamom von den Ara-

bern als Mittel gegen Herzbeschwerden benutzt. Die
Ägypter mischten ihn mit Lilie und Myrrhe, um kleine Salbenkegel herzustellen, die sie sich auf den Kopf
legten. Diese schmolzen in der Hitze der Sonne, so
daß der Duft sich auf ihrem ganzen Körper verteilte.
Salbenkegel wurden auch von den Hebräern benutzt.

> Es ist wie ein köstliches Öl auf dem
> Haupte, das niederrinnt in den Bart;
> Das niederrinnt in Aarons Bart, auf
> den Halssaum seiner Gewänder.

Psalmen 133/2

Wohlhabende Gewürzhändler waren in der Regel
ziemlich unbarmherzig, doch selbst sie hinterließen
uns Berichte darüber, wie ihre Stimmung sich hob,
wenn sie durch ein Gewürzhaus gingen. Kardamom
gehörte sicher zu den Aromen, die solch positive Gefühle in ihnen hervorriefen. Sein Duft ist voller sanfter Stimmen, Flöten und Pfeifen, wie der Atem des
Spätsommers, wenn die Samenhülsen durch die Luft
fliegen und ihre versiegelten Botschaften in unbe-
kannte Welten tragen.

Kardamom: Meditation

Ich denke, Sie sollten Ihre eigene Methode im Um-
gang mit diesem fröhlichen Geist entwickeln. Es bie-

tet sich an, das Aroma, wenn nötig, wie Riechsalz
einzuatmen, aber um die optimale Wirkung zu erzielen, ist es wichtig, dabei maßzuhalten. Respektieren
Sie ihn, und übertreiben Sie es nicht. Wenn Sie ihn
am Abend einatmen, dann werden Sie sich bald
leicht und offen fühlen, aber es ist gut möglich, daß
Sie Schwierigkeiten haben werden, einzuschlafen.
Mir schenkt der Kardamom einen klaren Kopf und
das Gefühl, auf sanfte Weise gestrandet zu sein, mit
dem einen Fuß auf einer goldenen Leiter, die anders-
wo hinführt. Die Farben, die einem in den Sinn kommen, sind Saphirblau, manchmal durchsetzt mit einem transparenten Gelb oder Rosa.
Wenn man sorgfältig arbeitet, verträgt es sich gut mit
Jasmin. Bislang habe ich noch nicht oft mit dieser
Kombination gearbeitet, aber ich habe das Gefühl,
daß sie besonders kraftvoll ist.

Ich bin offen für die Geheimnisse des Lebens.

Vollmond im Zeichen der Jungfrau: Mond der Reife

Du Zeit der Feuchte und der Frucht-
barkeit,
Freundin des Sonnengottes,
der Reife sendet,
Mit ihm vereinigt, daß zur Süßigkeit
Des Rankenweins betaute Traube
endet, —
John Keats, ›An die Herbstzeit‹, 1819

Der Ernte folgt das Pflücken der Früchte. Reife Früchte sind natürliche Symbole für die Fruchtbarkeit und
unter diesem wunderschönen, orangenfarbenen
Mond, wenn das Füllhorn der Natur überfließt,
kommt einem der Duft von Patschuli in den Sinn.

Patschuli (Pogostemon cablin)

Diese Pflanze wächst in den Tropen, und ihre großen
Blätter müssen erst germentiert werden, bevor man
das braune, zähflüssige Öl erhält. Es hat einen schweren, anhaltenden Duft, erdig, aber trotzdem trocken
und rauchig, nicht wie der lehmähnliche Duft der Vetiver. Patschuli ist sehr gut haltbar und wird um so
aromatischer, je älter es wird.

Dieser liebliche Duft, der einen einzuhüllen scheint, trägt niedere Instinkte in sich, die jedoch dazu dienen, die menschlichen Beziehungen ebenso wie die Beziehung zur Umwelt zu stärken. Der Duft des Patschulis wird von Menschen benutzt, die im Leben vorankommen, seine Wirkung ist verjüngend, belebend, und er fördert die Wiederentdeckung des Geheimnisses und der Aufregung früher sexueller Anziehungskraft.

Wie die Blätter, die im Herbst fallen, symbolisiert Patschuli die Rückkehr zur Fruchtbarkeit der Erde. Der Duft spendet Nahrung und bereichert; er läßt uns den Lebenszyklus mit erneuerter Energie, innerer Stabilität und dem reichen Schatz an Erfahrungen, den man während des vergangenen Jahres gesammelt hat, fortsetzen.

Seine Wirkung kann gesteigert werden, wenn man ihn mit Sandelholz mischt, oder gemildert werden durch die Palmarosa. Es ist ein fruchtiger Weg, um den Sommer zu beenden. Was immer die Natur der Erde nimmt, gibt sie ihr in größerem Überschwang zurück.

Meditieren Sie nicht mit diesem Öl, benutzen Sie es nur, um eine fruchtigere Atmosphäre zu schaffen, oder wenn Sie sich entspannen wollen.

Das Herbstäquinoktium: 21. September Tagundnachtgleiche

> Das ganze Land, jedes Tal, jede Schlucht, weint in langwährendem Kummer dem gnadenreichen Sommer hinterher; keine Baumkrone kann verhindern, daß sie ihre Blätter weint.
>
> *Thomas Nicholson, ›Epigramm‹*

Das Herbstäquinoktium besitzt die gleiche heftige, magnetische Kraft wie das im Frühjahr, doch jetzt wird das Licht von der Dunkelheit besiegt und die Vorboten des Winters können wir jetzt schon spüren. Einige Zeit vorher und hinterher erleben wir überraschende Temperaturwechsel oder häufig auch spektakuläre, elektrisch aufgeladene Stürme.

Zum Zeitpunkt des Imbolc-Festes hatte sich die Energie langsam aus dem Wasser emporgehoben, doch nun liegen zwei unversöhnliche Elemente miteinander im Streit: Feuer, das auf dem Wasser tanzt, die reinigende Kraft dampft und zischt, während sie die wässrige Oberfläche der Tiefe zu verbrennen versucht. Dieses Krachen und Brechen der Luft faszinierte schon unsere Vorfahren und ruft auch heute noch machtvolle Bilder vom Wechsel des Schicksals in uns hervor.

Die Furcht vor einer unsichtbaren äußerlichen Kraft kann eine entmutigende Wirkung auf uns haben. Solche Ängste können ebenso gewaltig sein wie Merkur und auftauchen, wenn man sie am wenigsten erwartet oder wünscht, und manchmal führen sie zu tiefer Depression oder zu Paranoia.

Muskatellersalbei (Salvia sclarea)

> Es ist eine ganz gewöhnliche Sache, daß Männer, denen die Zügel aus der Hand geglitten sind, oder deren Frauen gerade einen Wutanfall haben, einen Salbeibusch heimsuchen und dabei nach der Magd schreien – Magd, bring' mir die Bratpfanne und hol' mir ganz schnell auch die Butter dazu. Dann essen sie Salbei wie die Igel die Eicheln. Und sie glauben, daß sie das von ihrem Leiden kurieren wird, fürwahr!
>
> *Nicholas Culpeper, 1653*

Hier haben wir ein Öl, das uns Respekt abverlangt, und dem man keine Vorschriften machen kann. Das ist natürlich auch bei anderen ätherischen Ölen nicht möglich. Sie alle wirken ganzheitlich, und jedes einzelne von ihnen ist einzigartig, wenn es darum geht, die Wirkung hervorzubringen, die der Körper zu einer bestimmten Zeit benötigt.

Salbei ist wie flüssiges Licht. Wie der Merkur ist er ein Sternenreisender, der sich mit Leichtigkeit durch das Spektrum der Gefühle bewegt und die Fähigkeit besitzt, neue Erfahrungshorizonte zu eröffnen. Dies erfolgt zuweilen über die Träume, denn der Salbei schenkt langen und sehr erholsamen Schlaf, der große Kreativität schafft. In Ausnahmefällen kann dem Genuß von Salbei jedoch auch eine Nacht völliger Ruhelosigkeit folgen.

Das Öl wird aus den Blättern gewonnen. Respektieren Sie es, geben Sie sich seinem Einfluß ganz hin, es wird Ihren Körper wunderbar entspannen, während es Ihren Geist klärt und öffnet. Salbei schließt Türen vor Ihnen auf, von deren Existenz Sie bisher noch nichts geahnt haben. Er fegt den Unrat in Ihrer Seele fort, seine Kraft mildert die Ängste, die das moderne Alltagsleben mit sich bringt und begünstigt den Einfluß höherer Mächte auf Ihre Seele. Ich habe Salbeiöl mehrfach als sehr nützlich empfunden, um die ›Schreibhemmung‹ bei der Arbeit an diesem Buch zu vertreiben.

Manche Leute können der Versuchung nicht widerstehen, Salbei als halluzinative Droge zu benutzen.

Dies ist aussichtslos. Seine doppelsinnige Natur will ihrerseits auch ihren Spaß haben: wenn Sie ihn mißbrauchen, wird er Sie einfach nur necken. Sein Erscheinungsbild sagt schon alles. Große, gezackte Blätter und ein dicker Stamm, der sich unter der Blütenlast vorwitzig nach vorne lehnt. Der Salbei ist ein verkappter Hofnarr.

Die Blüten jedoch sind tief malvenfarben, was darauf hindeutet, daß die Pflanze zu den Meistern der Heilkunst gehört. Klein, die Münder halb geschlossen, bezeugen die Blüten, daß der Salbei ein Geheimnis für sich behalten kann. Sein Duft ist schwer zu beschreiben, weil auch er die Grenzen des Üblichen überschreitet. Er ist frisch, bitter-süßlich und erinnert ein bißchen an das Aroma einer frisch geknackten Haselnuß. Warm, durchdringend und prägnant, hinterläßt er in mir das wunderbare Gefühl, daß meine Seele sich ausbreitet. Stellen Sie sich allein in ein Salbeifeld, und Sie werden nicht mehr nach Hause gehen. Sie werden auch nicht allzu lange dort bleiben, denn eine große Menge von diesem Duft wirkt berauschend.

Salbei: Meditation

Manchmal entdecken wir bei uns selbst Verhaltensmuster, von denen wir eigentlich genau wissen, daß sie unsere Kreativität hemmen, von denen wir uns aber trotzdem nicht lösen können. Wenn Sie beginnen möchten, Ihr Verhalten nachhaltig zu verändern, dann fangen Sie behutsam damit an, den Duft des Salbeis einzuatmen. Das tut man am besten am Abend, kurz bevor man zu Bett geht, und nicht häufiger als einmal in der Woche. Geben Sie wieder ein paar Tropfen in eine Duftlampe und zünden eine Kerze an. Mischen Sie das Ganze mit Lavendel, Orange oder Sandelholz, um die Wirkung abzumildern.

Setzen Sie sich mit geradem Rücken hin, aber seien Sie völlig entspannt.

Atmen Sie sehr tief und sehr regelmäßig, während Sie den aufsteigenden Duft in sich aufnehmen.

Atmen Sie ein:	Nehmen Sie den Duft in sich auf, und stellen Sie sich einen Strom weißstrahlender Energie vor, die Ihr gesamtes Rückgrat hinunterfließt.
Atmen Sie sanft ein und aus:	Der weiße, vibrierende Strom verwandelt sich in ein weiches, durchsichtiges Lila.

Atmen Sie aus:	Lassen Sie die Energie frei, und während sie Sie verläßt, soll auch die Farbe sich in sanftem spiralförmigem Schwung wieder von Ihnen entfernen.
Entspannen Sie sich:	Beobachten Sie, wie das Lila erneut in Weiß übergeht und gleichzeitig liebliche Schauer in allen Regenbogenfarben über Ihnen ausschüttet. Danach lösen sich alle Farben in dem Weiß auf.

Machen Sie das zwei- oder dreimal, und dann entspannen Sie sich einfach und atmen fünf Minuten lang sanft und tief ein und aus. Denken Sie währenddessen sehr positiv an die schönen Dinge in Ihrem Leben.

Ich fühle mich sicher – ich kann jede Tür öffnen.

Vermeiden Sie es, Alkohol zu sich zu nehmen oder sich ans Steuer zu setzen, nachdem Sie Salbei inhaliert haben.

Waage

23. September – 24. Oktober

Neumond im Zeichen der Waage: Der Mond der Wechselnden Jahreszeiten

> Süß dein Atem, wie das Duften
> Wilder Blumen früh am Morgen;
> Süß auch, wie ihr Duft am Abend,
> In dem Mond, wenn Blätter welken.
> *H.W. Longfellow, ›Hiawathas Hochzeit‹*
> *Hiawatha, 1854*

D er Herbst ist vergleichbar mit dem, was man auch als das Zwielicht des Lebens bezeichnet, mit den mittleren Lebensjahren also, in denen die Ruhelosigkeit des Menschen nachläßt und die Weisheit und die Lebenserfahrung sich ihren Weg bahnen. Das herbstliche Licht ist fast durchsichtig und besitzt kupferfarbene, goldene, topas- und amethystfarbene Schattierungen, deren zarte Schwingungen die Kraft

des herrlichen und langsam wachsenden Rosenhol-
zes widerspiegeln.

Rosenholz (Aniba rosaeodora)

> Da gibt es noch ein anderes Land –
> und wohl dem, der danach sucht;
> dort geht die Sonne bald unter, ich
> kann es sehen – obwohl es weit ent-
> fernt ist, wir werden noch vor Ein-
> bruch der Nacht dort sein.

Irland, anonym, 8. Jahrhundert

Das Rosenholz entstammt der Rinde eines Baumes,
der im brasilianischen Regenwald wächst. Um das
ätherische Öl gewinnen zu können, muß der Baum
gefällt werden.[7] Sein warmes, heiteres sirupähnliches
Aroma erfreut die Sinne und liebkost sie sanft. Ich
liebe das Rosenholz. Sein Duft ist Nahrung für das
feine Gewebe des Geistes, da er nach Perfektion
strebt. Es wirkt direkt auf das Gehirn und ermutigt –
wenn man offen dafür ist – neue und kreativere Ge-
dankenformen. Für manche Künstler, besonders für
Leute aus dem Bereich der Fotografie und des Films,
mag es eine wertvolle Inspiration sein.
Es besitzt die Kraft, Narbengewebe zu heilen, sowohl

---

7 Die brasilianische Regierung hat entsprechende Vorkehrungen getroffen. Siehe auch
  Sandelholz.

die des Körpers als auch die der Seele. Es fördert die Sinnlichkeit, doch wenn man es speziell zu diesem Zweck einsetzt, dann verwirrt es nur die Gefühle, denn seine wahre Fähigkeit liegt darin, die geistige Freundschaft zu bewahren und zu fördern. Rosenholz eignet sich für Suchende, besonders für solche, die sich desillusioniert fühlen, Menschen, die ziel- und rastlos umherwandern und nach dem richtigen Weg suchen. Es besitzt einen kraftvollen Zauber, der in der Lage ist, Sehnsucht in Verlangen und Verlangen in Handlung zu verwandeln. Es veranlaßt uns, innezuhalten, tief einzuatmen, ja sogar zu seufzen. Wenn wir bereit dazu sind, dann werden wir andere Menschen finden, die ebenso auf der Suche sind wie wir.

Rosenholz: Meditation

Im Lernen kommt täglich etwas hinzu.
Im Tao wird täglich etwas
zurückgelassen.
Laotse, Tao-teking

Rosenholz bietet uns einen Rastplatz an unserem Lebensweg, einen Haltepunkt, an dem wir unseren Geist wiederbeleben und unnötigen Ballast abstoßen können. Hier lösen wir uns von Dingen, die nicht länger vonnöten sind. Wenn wir empor steigen, ist weniger Gepäck besser. Diese Übung kann ebenso mit Sandelholz als auch mit Zedernholz durchgeführt werden.

Zünden Sie eine Kerze an, und geben Sie ein paar Tropfen Rosenholz in eine Duftlampe.

Setzen Sie sich ganz ruhig hin, und atmen Sie sanft und gleichmäßig.

Lassen Sie das Gefühl der Zeitlosigkeit sich langsam erheben, um Sie zu umhüllen. Geben Sie sich ihm hin, und entspannen Sie sich.

Sie wandern durch einen Wald und tragen eine schwere Tasche.

Sie kommen an eine Lichtung, auf der ein Brunnen steht. Daneben befindet sich ein hölzerner Trinkbecher. Sie nehmen etwas von dem kalten Wasser zu sich, ruhen eine Weile aus, und dann gehen Sie weiter. Die Sonne scheint durch den Baldachin der Blätter hindurch, und Sie fühlen sich beschwingt und leicht. Sie bemerken, daß Sie die Tasche hinter sich gelassen haben.

Meine Schritte führen mich vorwärts,
es gibt keine Grenzen.

Vollmond im Zeichen der Waage: Mond der Ruhe

Majestätischer als der seidene Baldachin
Des reichen Kaufmanns,
Ist das Dach der Zweige über meinem Haupt.
Edmond Bordeaux Szekely, Schriften der Essener, Buch 2

Der Mensch hatte schon immer ein besonderes Verhältnis zu Bäumen. Sie stellen für ihn eine Verbindung zwischen Himmel und Erde dar. Sie unterstützen ihn, sie atmen die von ihm gebrauchte Luft ein, verwandeln sie und sorgen dafür, daß sie wieder hoch in die Lüfte entschwindet. Bäume sind ein Teil der Landschaft und geben dem schweifenden Blick Halt. Sie sind zeitlos, übermitteln uns Botschaften aus der Vergangenheit und versorgen uns mit denjenigen ätherischen Ölen, die unsere Stimmung am positivsten zu beeinflussen vermögen.

Zedernholz (Cedrus atlantica)

So gib denn Befehl, daß man für
mich auf dem Libanon (Zedern–)
bäume fälle, (...)
1 Könige, 5/6

Die Zedern für Salomos Tempel kamen vom Berg Libanon, auf dem ein großer Zedernwald stand. Salomo war nicht der erste, der die Zeder zum Bau eines Tempels verwendete, die Ägypter bedienten sich ihrer zu diesem Zeitpunkt bereits seit Jahren. Die Zeder wurde wegen ihrer Widerstandskraft Käfern und Pilzen gegenüber, aber auch wegen ihres Duftes hochgeschätzt. Wie das Sandelholz verbreitete sie ihren Duft im Innern der Tempel und anderer Gebäude, wo sich die Leute versammelten, um zu beten.

> Durch die knorrige Eiche und die
> königliche Zeder
> Sendet Mutter Erde ihre Botschaft
> der Liebe
> An den himmlischen Vater.
>
> *Edmond Bordeaux Szekely,*
> *Schriften der Essener, Buch 2*

Es gab eine Zeit, in der die Menschen im Nahen Osten diese majestätischen Bäume ebenso liebten wie die Druiden die Eichen in den Wäldern Britanniens, und sie benutzten die Wälder als naturgegebene Tempel und beteten unter freiem Himmel, umgeben von ihrem natürlichen Duft.

›Qualitativ hochwertiges Zedernöl‹ war eins der heiligen Öle der Ägypter, die diese zum Einbalsamieren benutzten, und es wurde, wie die Myrrhe, mit der sicheren Überfahrt der Seele ins nächste Leben assoziiert. Die Zeder war dem schönen Gott Horus geweiht und sollte der Seele in ihrem zukünftigen Leben zu Schönheit, Würde und Majestät verhelfen.

Das ätherische Öl stammt aus der Rinde eines nahen Verwandten, der ägyptischen Zeder, eines großen, kraftvollen Baumes mit Namen Atlaszeder.

Das Öl ist hell und flüssig-golden. Sein Duft ist ebenso honig-ähnlich wie der des Sandelholzes, nur ist er nicht so süß. Wie die großen Könige, deren Seele es durchdrang und erfüllte, strahlt der Duft der Zeder große Weisheit aus. Er erinnert an die heilige Geometrie der Gebäude, an das geheime Wissen über die Steine der Tempel und der Kathedralen. Dieses universell einsetzbare Öl ist eine wertvolle Hilfe bei Atemübungen und die ideale Raumbeduftung, will man eine Gruppe von Menschen auf Meditation und Kontemplation vorbereiten.

Die Zeder verbreitet einen Duft, der bis zum Energiezentrum hinter der Stirn vordringt. Er fördert sowohl die höhere Intuition als auch die Kommunikation mit höheren Mächten.

Zedernholz: Meditation

Dies ist diejenige Zeit des Jahres, in der wir unseren eigenen Tempel errichten sollten. Einen imaginären

Tempel, in den wir uns an kalten Winterabenden zurückziehen können. Metaphorische Tempel, Hütten und Häuser sind ein häufig auftauchendes Motiv in der keltischen Dichtung. Oftmals ist die Rede davon, daß sich ein Edelstein in ihrer Mitte befindet, der die Reinheit der Seele symbolisiert.

> In goldenen Kerzen brennt das Licht
> großer Reinheit und im Herzen des
> Hauses liegt ein Edelstein.
>
> *Anonym, 12./13. Jahrhundert*

Natürlich errichten Sie Ihren persönlichen Tempel mit Hilfe von Zedernholz. Geben Sie ein paar Tropfen in eine Duftlampe, und zünden Sie eine Kerze an. Setzen Sie sich hin, und schließen Sie die Augen, atmen Sie tief und gleichmäßig.

Ziehen Sie zunächst einen imaginären Kreis um sich herum, und füllen Sie ihn mit weißem Licht: dies ist das Fundament. Jetzt stellen Sie sich diejenige Art von Behausung vor, in der Sie sich am wohlsten fühlen. Das mag ein kleiner Raum sein oder aber auch eine Hütte mit Strohdach unter freiem Himmel. Um was es sich auch handelt, für Sie wird es ein Ort sein, an den Sie sich zurückziehen können, um Ihre Wunden zu heilen und zu meditieren, wann immer Sie es brauchen. Innerhalb der Grenzen dieses Hauses spüren Sie, daß auch Sie selbst Grenzen haben. Sie werden erkennen, daß Sie die Möglichkeit besitzen, über diese Grenzen hinauszuwachsen. Wenn Sie diesen Ort betreten wollen, dann lassen Sie die Probleme, die Sie bedrücken, draußen, und schließen Sie die Tür hinter sich. Gönnen Sie sich selbst Ruhe, nur für diese kleine Zeitspanne. Setzen Sie sich hin, füllen Sie den Raum mit Licht, und atmen Sie fünf oder zehn Minuten lang sanft ein und aus.

Entspannen Sie sich, Ihr Problem ist vielleicht kleiner, als Sie denken.

Beobachten Sie, welche Farbe beim Duft der Zeder Ihnen in den Sinn kommt. Doch diese Übung müssen Sie nicht ausschließlich und immer mit Zedernöl durchführen. Wenn Sie den Tempel einmal errichtet haben, dann steht er Ihnen offen, wann immer Sie das Gefühl haben, daß Sie ihn brauchen.

Ich kann mir selbst helfen.

Skorpion

21. Oktober – 22. November

Seele und Geist müssen sich vereinen,
damit der Atem des Herbstes
Gelassenheit und Ruhe bringt...
Nei King

Das festliche Leben so vieler alter Kulturen erwachte während der Wintermonate zum Leben, wenn die Leute sich versammelten, um den Mythen und Geschichten zu lauschen, die ihnen durch die Alten überliefert wurden. Manchmal wurden die alten Mythen als Dramen aufgeführt, mit Musik, farbenfrohen Masken und wohlriechendem Weihrauch. Diese Festlichkeiten beeinflußten das Leben eines jeden einzelnen oftmals besonders nachhaltig. Hier, hinter dem Schutzschild der Phantasie, wurde es den Menschen möglich, die Ereignisse des Jahres noch einmal zu durchleben und ihre Ängste und Phobien im Schutze einer sicheren Gemeinschaft zu verarbeiten und sich von ihnen zu befreien. Nachdem diese Tradition hinter die Mauern der Tempel verbannt worden waren, führten die Priester den Vorsitz. Besonders bei den Ägyptern entwickelte sich aus den alten Ritualen eine sehr spezielle Heilkunst. Die Geister unserer Väter waren Symbole für die Schatten des menschlichen Unterbewußtseins, die uns heute aus der Psychoanalyse so vertraut sind. Auf dem Weg über ihre Rituale stellten sich unsere Vorfahren diesen Gefühlen wahrscheinlich direkter, als wir es heute tun.

Neumond im Zeichen des Skorpions: Mond des Rückzugs und der Kontemplation

Doch wenn Melancholie hernieder-
drängt,
Gleich wie vom Frühlingshimmel
Wolkenweinen.
John Keats, ›Ode auf die Melancholie‹, 1819

Die Uhren scheinen rückwärts zu laufen, Sie haben bereits Ihre erste Erkältung hinter sich, und Sie fühlen sich schlapp. Winterdepressionen sind ein Leiden, das teilweise dem schwindenden Licht zugeschrieben wird. Sie können ein Gefühl völliger Isolation und Hoffnungslosigkeit hervorrufen. Die Menschen, die an Winterdepressionen oder Ähnlichem leiden, wünschen sich häufig, in Winterschlaf zu fallen. Zur Therapie gehört die Behandlung mit einer Tageslichtlampe.

›Oh, so drücke Dein Leid in frühen Rosenkelch‹ ... Keats hatte recht, und jetzt ist es Zeit für viele der sonnigen ätherischen Öle, die Sie in Ihrer Sammlung haben.

Melisse (Melissa officinalis)

> Schon Arabische Ärzte lobten ihre Tugenden in den höchsten Tönen ... dem Geist und dem Herzen bringt sie Heiterkeit ... sie vertreibt lästige Sorgen und Gedanken, die aus düsterer Stimmung und schwarzer Galle erwachsen sind.
> Nicholas Culpeper, 1653

Traditionell wird die Melisse als ›Balsamstrauch‹ bezeichnet. Ihr herrliches Öl bewahrt sie in den Blüten und in den beinahe herzförmigen Blättern auf. Sie besitzt eine ähnlich mitfühlende Natur wie die Kamille, aber während deren Duft tief bis ins Innere der Seele vordringt, ist die Wirkung der Melisse eher so, als ob sie ein Baldachin des Lichts über uns ausbreitete. Ihr Öl ist blaßgelb und besitzt den vollmundigen und doch weichen Duft der Zitrone, der glückliche, sonnige Bilder vor unserem geistigen Auge heraufbeschwört und uns dazu verhilft, die Schönheit unserer Umwelt wahrzunehmen. Der Tradition zufolge sollte sie am besten am Tag vor der Mittsommernacht gepflückt werden.

> ...reibt man Bienenkörbe mit den Blättern der Melisse ein, so bleiben die Bienen beieinander und andere kommen herbei.
> John Gerard, 1597

Dieses Öl ist gut gegen Depressionen, Paranoia und Hypochondrie. Unter ihrem schützenden Schild fühlt man sich geborgen und warm, wie im Innern eines Bienenstocks. Alles erscheint einem in einem freundlichen Licht, und die Kobolde und die nagenden Stimmen des Zweifels werden nach draußen verbannt. Reiben Sie mit diesem Duft auch Ihren eigenen, imaginären Tempel ein, und vertreiben Sie Einsamkeit, Furcht und Trauer daraus. Dieses Kraut ist schon seit Jahrhunderten Bestandteil von Sirupsäften, Elixieren und Heilsalben. Es ist ein sanftes Stärkungsmittel für dunkle, deprimierende Tage. Es läßt sich hervorragend mit Lavendel, Geranie, Rose und einigen der Gewürzöle vermischen.

Melisse: Meditation

Die Melisse wird häufig eingesetzt, um Allergien zu behandeln, und ist eins der besten Heilmittel für diejenigen unter uns, die allergisch auf ihr gesamtes Leben reagieren. Sie führt uns die Schönheit unserer unmittelbaren Umgebung vor Augen. Wenn Sie sich an einem dunklen Wintertag deprimiert fühlen, dann nehmen Sie sie mit in Ihr imaginäres Heilzimmer.
Gehen Sie hinein, und schließen Sie die Tür.
Zünden Sie eine Kerze an, geben Sie einen Tropfen Melisse in eine Duftlampe oder auf einen Geruchsstreifen, und stellen Sie das Ganze vor sich hin. Wenn es Ihnen im Moment an Ausgeglichenheit fehlt, dann geben Sie zusätzlich noch ein paar Tropfen Geranienöl hinein.
Setzen Sie sich ruhig hin, und atmen Sie den Duft ein.
Stellen Sie sich vor, wie goldenes Licht Sie völlig einhüllt und den gesamten Raum erfüllt. Draußen fällt der Regen, aber die Wände halten die Außenwelt und ihre Geräusche von Ihnen fern. Drinnen ist es warm und überall wachsen grünes Gras, Gänseblümchen und Schlüsselblumen. In der Mitte fließt ein klarer Strom.
Atmen Sie sanft und gleichmäßig ein und aus, legen Sie dabei ihre Hände genau unter ihr Zwerchfell, und genießen Sie es, ›da‹ zu sein.

Nach einer gewissen Zeit atmen Sie noch einmal ganz tief ein und spüren Sie, wie das Gefühl, lebendig zu sein, in Ihrem Körper prickelt.

Dann erlauben Sie dem goldenen Licht, mit jedem Ausatmen intensiver zu werden und mehr und mehr nach außen zu streben; es nimmt das Dach Ihres Tempels mit sich. Sie atmen weiter ein und aus und spüren die wunderbare Weite. Durch das Licht hindurch können Sie den blauen Himmel erkennen. Es hat aufgehört zu regnen. Sie gehen wieder nach draußen und heben Ihre Arme.

Still! Hör doch! Die Welt lebt.

Samain (Halloween): 31. Oktober

Im keltischen Alltag gab es Zeiten, während der Gesetz und Ordnung außer Kraft gesetzt waren, um den Menschen eine Ruhepause von ihren Alltagspflichten zu gönnen. An Samain zum Beispiel regierte das Chaos. Türen schlugen, Tiere rannten frei umher, die Nachbarn schliefen in anderen Häusern, Hexen waren losgelassen, und in der Nacht kam es buchstäblich zu heftigeren Zusammenstößen.

Dies war der Neujahrstag der Kelten, und eine Nacht

lang wurden die Geister der Lieben, die man verloren hatte, eingeladen, um mit am Herd zu sitzen, damit man ihnen zu Essen geben und sie umsorgen konnte. Wenn die Nacht vorüber war, dann wurden die Ahnen zur Stadtgrenze getragen und mit lärmenden Glocken und Trommeln verabschiedet – und das gleiche galt für die Göttin, die sich in die alte Halloween-Hexe verwandelt hatte und nun wieder in ihre unsichtbare Welt verschwand. Sie starb symbolisch, wurde begraben, und unter der Erde vollzog sie erneut eine Wandlung, bis die magnetische Kraft des Frühlings sie wieder ans Tageslicht zerren würde, sie, die dann wieder ein junges Mädchen war.

Dieser Geist des Todes und der Wiedergeburt wird durch einen weiteren herrlichen Baum verkörpert, durch die Zypresse.

Zypresse (Cupressus sempervirens)

Der Wind der Blätter der Zypresse
ist wie der Chor der Engel.
Edmond Bordeaux Szekely,
Schriften der Essener, Buch 2

Die Zypresse wurde lange Zeit mit dem schutzspendenden Aspekt des Todes assoziiert. Dieser wunderschöne Baum mit seinen tief blau-grünen Zweigen, die sich zu einem dichten, nach oben zeigenden Kegel zusammenfinden, besitzt die Aura des machtvollen Beschützers. Diese Bäume sind besonders stark und widerstandsfähig; als Wäldchen können sie wie ein Schild wirken und werden gern als Windschutz eingesetzt, besonders als Begrenzung von Friedhöfen.

Das ätherische Öl wird aus den Blättern und den Zapfen gewonnen, und der Duft ist ein bißchen scharf, maskulin, mit einer hölzernen Note. Er hebt die Stimmung, ebenso wie die Zweige des Baumes selbst sich in die Lüfte emporheben. Insgesamt handelt es sich um einen angenehmen, süßen Duft.

> Süßer als der süßeste Nektar
> des honiggleichen Granatapfels
> ist der Duft des Windes
> im Zypressenhain.
> *Edmond Bordeaux Szekely, Schriften der Essener, Buch 2*

Das Aroma der Zypresse kann dazu führen, daß bei starker emotionaler Belastung die Tränen leichter fließen. Dies gilt insbesondere für Tränen des Abschieds. In Zeiten, in denen man einen schweren Verlust erlebt, ist dieser Duft sehr wertvoll. Er hilft zu verstehen, daß der Tod bloß Teil eines Kontinuums ist, daß er lediglich den Übergang von einer Existenzform in die nächste markiert. Er kann den Menschen helfen, die Angehörige haben, die dem Tode nahe sind, oder solchen, die selbst im Sterben liegen und sich dagegen wehren, diese Welt zu verlassen. Beiden schenkt er die Freiheit, loszulassen. Wenn jemand ein Erlebnis hatte, bei dem er dem Tode nahe war, dann werden Rosen- oder Neroliöl den anfänglichen Schock oder das Trauma lindern helfen, aber erst das Öl der Zypresse vermittelt uns die Fähigkeit, das, was mit uns passiert ist, zu verstehen und zu akzeptieren. Die Zypresse kann uns auch die Veränderungen, die ein Teil unseres Lebens sind, wie z. B. die Veränderung von Einstellungen etwas oder jemandem gegenüber, erleichtern. Menschen, die sonst eher streng mit sich und anderen sind, wird die Fähigkeit zur Nachsicht verliehen. Sie hilft uns auch, die Angst vor der Dunkelheit, dem Unbekannten und natürlich die Angst vor dem Tode selbst zu überwinden.

Der Tod ist nicht immer friedvoll, und die Zypresse will den Schmerz, der jeglichem Verlust oder einer jeglichen Tragödie folgt, keineswegs verleugnen, aber sie bemüht sich, der Wahrheit ins Auge zu sehen. Mit dieser Eigenschaft besitzt sie die Fähigkeit, den Geist aus der düsteren Innenschau heraus und zum Licht zu führen.

> Möge er freundlich zu meinem Volk
> sein und Gerechtigkeit walten lassen,
> denn auch die Toten sind nicht ohne

Macht. Tod – sage ich? Es gibt keinen
Toten. Nur Hinübergleitende in eine
andere Welt.

*Häuptling Seattle; (als er im Jahre 1885 sein Land dem Weißen
Mann überließ. Heute steht an dieser Stelle die Stadt Seattle.)*

Zypresse: Meditation

Halloween ist eine gute Zeit, um an all die weniger
streitbaren Kulturen und Gesellschaftsformen zu
denken, die den Überlebenskampf gegen die aggressi-
ven Kulturen verloren haben. Sie mögen vielleicht
faktisch tot sein, aber ihre Philosophien und Glau-
bensformen leben weiter und werden wiedergeboren.
In unseren Zeiten, so scheint es, besteht das verzwei-
felte Bedürfnis, sich an die erhalten gebliebenen Frag-
mente ihrer Lehrer zu klammern, als ob man sie über
die Risse in unserer eigenen Kultur übertapezieren
wollte.
Wenn Sie den Duft der Zypresse einatmen, dann erinnern Sie sich an die Lehren und Weisheiten, die Sie
am meisten ansprechen, oder denken Sie einfach nur
nach, wenn Ihnen das leichter fällt. Sie können das
Zypressenöl auch jederzeit benutzen, um mit Tod
oder Veränderungen fertig zu werden. Ein Umzug,
der Wechsel des Arbeitsplatzes, der Wechsel der
Richtung: wie wir schon bei der Myrrhe erkannt ha-

ben, das Leben ist voller kleiner Tode. (Jedesmal, wenn ich Zypressenöl rieche, kann ich nicht umhin, vor meinem geistigen Auge das der Zypresse eigene, tiefdurchdringende Blau-Grün zu sehen.)

Das Leben ist voller kleiner Tode.

Eukalyptus (Eucalyptus globulus – und andere Arten)

> Wenn einem Menschen die Feuchtigkeit des Herbstes zu schaffen macht, dann wird er im Winter einen Husten bekommen.
> *Nei King*

Ich empfehle dieses Öl nicht zur Meditation, aber die Essenz aus diesem wunderschönen, immergrünen Baum ist als Raumbeduftung sehr wertvoll, da sie die Luft mit natürlichen Antibiotika anreichert, besonders im Winter. Die kraftvolle Botschaft an die Seele, die dieser Duft enthält, verstärkt auch seine physische Wirkung.
Es läßt sich hervorragend mit Zitronenöl mischen.

Vollmond im Zeichen des Skorpions:
Mond der Mäßigung

> ...die Menschen sollten ihre Wün-
> sche unterdrücken und verbergen,
> als ob sie kein inneres Ziel besä-
> ßen ... dies ist der Weg, die eigenen
> Kräfte zu bewahren.
> *Nei King*

Für die Kelten war dies die Zeit ›dunkler Untiefen‹,
in der keinerlei Überfluß mehr herrschte und in der
der Erde nur das Nötigste zurückgegeben wurde, damit später die Wiedergeburt erfolgen konnte. Jetzt
sollten wir unsere eigenen Untiefen ausloten und das
Vermächtnis des alten Jahres zu erkunden suchen.
Manche Meinung und manche Gewohnheit ist wahrscheinlich nur eingefroren und wird schon beim
nächsten Tauwetter wiederbelebt werden, aber ein
paar davon könnten während der Wintermonate in
etwas Positiveres verwandelt werden.

Das im folgenden beschriebene ätherische Öl ver-
langte den Menschen seit jeher großen Respekt ab.
Es stammt aus einer Familie, deren Mitglieder sich
untereinander alle so ähnlich sehen, daß es oftmals
schwierig ist, sie auseinanderzuhalten. Die Pflanzen
aus der Familie der Petersilie mit ihren großen, sich
wiegenden Stengeln und ihren charakteristischen

schirmartigen Köpfen haben schon von jeher unsere Mägen erfreut. Dazu gehören die Angelikawurzel, Anis, Kümmel, Kerbel, Koriander, Kreuzkümmel, Dill, Fenchel, ja sogar die Karotte und der Pastinak. Bei einer solch verführerischen Vielfalt, mit der man seinen Appetit anregen kann, glaubt man beinahe, daß das Verhältnis des Menschen zu dieser Pflanzenfamilie eigentlich nur ungetrübt sein kann. Das ist nicht der Fall. Die Pflanzen selbst können unangenehm riechen, und potentielle Giftlieferanten wie der Schierling befinden sich auch unter ihren Reihen. In der Natur darf man nichts für selbstverständlich halten.

> Da sprach Mose zu ihnen: »Das ist das Brot, das Jahwe euch zu essen gibt...Das Haus Israel aber nannte es Manna. Es war weiß wie Koriandersamen und schmeckte wie Honigkuchen...
> *Exodus* 16/15 *und* 16/31

Koriander (Coriandrum sativum)

Der Samen des Korianders ruht in einer harten Fruchtschale, was Stärke mit Wirtschaftlichkeit kombiniert. Der Geruch der Pflanze ist Übelkeit erregend, aber wenn Sie die cremefarbene Frucht des Korianders zerquetschen, dann gibt er einen köstlichen Duft frei, ein weiches, seidiges Aroma, vollmundig, aber trotzdem mit vielen verschiedenen Schattierungen ausgestattet. Riecht es tatsächlich nach ›Honigkuchen‹? Wenn Sie dieses Aroma mit anderen Düften mischen, dann verleiht es diesen eine volle, cremige Note. Das Moschusähnliche mit dem Hauch von Anis ergibt eine für meinen Geschmack höchst raffinierte Mischung.

Koriander ist eine zuverlässige Quelle der Energie. Er ist dem schwarzen Pfeffer sehr ähnlich. Während dieser sich jedoch verausgabt, verkörpert der Koriander wohldosierten, kontrollierten Mut, der sich niemals in unnötiger physischer oder geistiger Aktivität entlädt. Er ist der Samurai-Krieger unter den Gewürzen, der der Stärke eine Art Rhythmus, ja Poesie verleiht. Er vermag Nervosität in kreative Energie zu verwandeln und Reizbarkeit zu mäßigen.

Koriander verleiht dem Menschen die Kraft, seine gesamte Verantwortung für die eigene Verhaltensweise zu übernehmen, und er ermutigt unseren inneren Meister, in Aktion zu treten. Wie alle ausgebildeten Krieger umgibt diesen höchst selbstbewußten Duft die Aura der Gefahr. Benutzen Sie ihn vor einem wichtigen Gespräch oder vor einem Treffen mit Ihrer Schwiegermutter!

> *Zu hoch dosiert kann er eine betäubende Wirkung haben.*

Koriander: Meditation

Lieber innehalten, als den Krug bis
zum Rand füllen.
Wer die Klinge zu sehr schärft, wird
sie schnell stumpf machen.
Laotse, Tao-teking

Dies ist eine sehr hübsche Beschreibung der Selbstkontrolle. Das ist es, was der Koriander uns lehrt. Er läßt sich sehr gut mit anderen ätherischen Ölen mischen, trotzdem aber steht er auch sehr gut alleine da. Sie können Korianderöl dem der Zypresse, ebenso wie dem Salbeiöl, dem Neroliöl, dem Sandelholzöl, dem Öl der Bergamotte, der Pinie und des Ingwers hinzufügen: in jedem Fall wird es die Wirkung des jeweiligen Öles verstärken.

Wenn Sie Koriander einatmen, denken Sie an seine Samurai-Eigenschaften, bitten Sie ihn, Ihnen sein Gespür für Rhythmus und seine Stärke zu schenken. Eine Farbe, die ich mir dann häufig vorstelle, ist ein tiefes Magentarot, das einem das Gefühl verleiht, in völligem Einklang mit sich selbst zu sein – stellen Sie sich zum Beispiel vor, wie es um Sie herum strahlt. Das ist besonders nützlich, wenn Sie gerade versuchen, eine Entscheidung zu treffen, und Sie in Gedanken sämtliche Ihnen offenstehende Möglichkeiten durchgehen.

Ein Schritt nach dem anderen.

Schütze

23. November – 22. Dezember

> Die drei Monde des Winters nennt
> man die Zeit des Schließens und Be-
> wahrens. Das Wasser gefriert, und
> die Erde bricht auf. Zu dieser Zeit
> sollte der Mensch sein Yang nicht
> stören... Der Puls wird von den Nie-
> ren bestimmt.
>
> *Nei King*

Im Winter fließt die Körperenergie nach innen und
sollte dort wohl bewahrt werden. Die Chinesen
gehen davon aus, daß das Yang, die aktive Kraft, jetzt
in uns schlummert nun dem Yin, also der uns innewohnenden, gespeicherten Energie, Platz macht.

Neumond im Zeichen des Schützen: Mond des Erntedankfestes

Das Sternzeichen des Skorpions stellte uns auf die

Probe und zwang uns, den notwendigen Rückzug anzutreten. Nun, da wir die Zeit des großzügigen Schützen beginnen, haben wir Gelegenheit, nachzudenken, Dank zu sagen und uns auf die Winterfeierlichkeiten vorzubereiten. Aber dieses Zeichen bringt auch Eis, Schnee und Kälte mit sich. Deshalb sollten wir uns nach beständigen und zuverlässigen Wärmequellen umsehen.

Man nimmt an, daß die Organe, die für die Erhaltung der Körperenergie verantwortlich sind, die Nieren sind. Feuchte Wintertage bringen oft Schmerzen und ein steifes Gefühl, besonders im Rücken, mit sich. Gesunde, die Nieren unterstützende Nahrung finden wir in der Hauptsache in Wurzeln, Nüssen, Bohnen und Mais, alles Lebensmittel, die den strahlenden Glanz der Sommersonne in sich gespeichert haben, und die früher der Hauptbestandteil der Ernährung im Winter waren. Ein ätherisches Öl, das den Nieren wirklich guttut, ist das Ingweröl.

Ingwer (Zingiber officinalis)

Die Ingwerwurzel ist ein natürlicher Vorratsverwalter. Alte medizinische Lehrbücher nehmen eine Beziehung zwischen der Form einer Pflanze und der Form des Organs, dem sie helfen soll, an. Dieser Leh-

re zufolge besitzt die Ingwerwurzel eine besondere Affinität zum menschlichen Verdauungstrakt. Sie ist ein großer Freund des Menschen, regt den Fluß der Verdauungssäfte an, verhindert übermäßige Schweißbildung, erleichtert Schmerzen und hebt die Körpertemperatur.

> Große Furcht ist schädlich für die Nieren, aber Furcht kann durch Meditation überwunden werden.
> *Nei King*

Der Geruch von Furcht haftet dem Winter an, weil viele Menschen es schwierig finden, mit den Einschränkungen, die die Kälte mit sich bringt, fertig zu werden. Die Wärme und der Mut des Ingwers haben Verständnis für die Verletzlichkeit, besonders, wenn sie hinter der Maske herausfordernden Benehmens verborgen wird. Jeder, der sich so verhält, wird früher oder später spüren, daß er Raubbau mit seiner Energie betrieben hat. Die unterstützende Natur des Ingwers ist ein hervorragendes Heilmittel, das dabei hilft, Gefühle freizusetzen, die durch einen Mangel an Selbstvertrauen im Inneren verborgen wurden.

Der reiche, vertraute Duft dieses sanften Freundes erinnert mich an die bevorstehende Festzeit, und das allein schon ruft ein Gefühl absoluten Wohlbefindens hervor.

Ingwer: Meditation

Die Arbeit, die wir unseren Körpern zumuten, steht im Gegensatz zu unseren natürlichen Bedürfnissen. Wir zerstören unsere Körper nicht nur, indem wir die Naturgesetze ignorieren, sondern auch durch tief verwurzelte Ängste, die wie Gift wirken und schließlich sogar Auswirkungen auf das Zellgewebe haben können.

Geben Sie ein paar Tropfen Ingweröl in eine Duftlampe, und setzen Sie sich an einen warmen, gemütlichen Ort in einem schwach beleuchteten Raum. Legen Sie Ihre Hände zusammen zwischen Ihrem Nabel und Ihrem Zwerchfell.

Atmen Sie ein paar Minuten lang sanft ein und aus, nehmen Sie den Duft des Ingwers in sich auf, und spüren Sie, wie seine Wärme in Ihrem Kreislauf pulsiert, besonders im Nierenbereich und in der unteren Hälfte Ihres Körpers. Geben Sie Ihrem Atmen einen langsameren und gleichmäßigeren Rhythmus. Heben Sie Ihre Brust beim Einatmen, und senken Sie sie beim Ausatmen langsam wieder.

Lassen Sie Ihre Bauchdecke von der Wärme des Ingwers durchfluten, spüren Sie, wie sie stärker und stärker wird. Wiederholen Sie dies ein oder zwei Minuten lang, bewegen Sie dann Ihre Hände unter den Nabel, und stellen Sie sich die Energie vor, die durch die unteren Verdauungsorgane fließt. Gestatten Sie dem

Ingwer, Ihnen Stabilität zu verleihen. Bewegen Sie jetzt Ihre Hände nach hinten zu Ihren Nieren und tun Sie das gleiche. Danken Sie allen Organen für ihre harte Arbeit, und erlauben Sie dem Ingwer, deren lebensspendende Energie zu beschirmen.
Legen Sie Ihre Hände dann wieder in ihre ursprüngliche Position zurück.

Atmen Sie ein: Nehmen Sie die erhaltende Kraft des Ingwers in sich auf.
Atmen Sie aus: Atmen Sie Ihre tiefverwurzelten Ängste aus.

Wiederholen Sie dies etwa fünf Minuten lang, und wenn Sie fertig sind, dann danken Sie Ihrem Körper, daß er Sie am Leben erhält. Die regelmäßige Anwendung dieser Meditationsübung hilft Ihnen, sich mit Ihren Körperfunktionen mehr im Einklang zu fühlen.

Ich vertraue meinem Körper.

Vollmond im Zeichen des Schützen: Mond der reinen Wahrnehmungskraft

Die Energie der Erde greift jetzt nach der Krone, nach der Verschmelzung mit der göttlichen Kraft.

Angelikawurzel oder Engelwurz
(Angelica archangelica)

> ...deshalb wird sie von vielen als Kraut des heiligen Geistes bezeichnet; bescheidenere Zeitgenossen nennen sie Engelwurz wegen ihrer engelhaften Eigenschaften, und diesen Namen trägt sie noch immer, und in sämtlichen Sprachen lautet der Name ähnlich.
> *Nicholas Culpeper, 1653*

Oftmals weihten die Menschen bestimmte Kräuter ihren Göttern, wenn sie besonders hervorstechende heilende Eigenschaften besaßen. Die Angelikawurzel steht in dem Ruf, Elixier und Retter für den gesamten Organismus zu sein, und man sagt, daß sie im Osten ebenso begehrt war, wie Ginseng seinen Siegeszug im Westen antrat. In Volksbräuchen wird sie mit Zauber und Aberglauben assoziiert, was die feine

Linie deutlich macht, die zwischen Gut und Böse verläuft. Wie der Koriander stammt sie aus der Familie der Petersilie – und Sie erinnern sich –, der Schierling, ein Gift, ist ihr Cousin und ähnelt ihr im Erscheinungsbild. Beide Pflanzen besitzen die gleiche heilende Rotfärbung.

Diese Pflanze liebt hohe Berge und kühle, feuchte Orte. Sie ist ziemlich groß und sieht bemerkenswert aus; ihre großen hohlen Stengel ziehen die Gifte aus der Erde und geben sie in die Atmosphäre ab. Diese Tätigkeit spiegelt sich auch in ihrer Wirkung auf die Psyche wider. Sie ist ein wahrhafter Exorzist, sie nimmt Ängste, Phobien, Zaudern und Unentschlossenheit in sich auf und ersetzt sie durch Realitätssinn und tiefe Entspannung.

Der Name Angelika kommt aus dem Lateinischen *angelus* und bedeutet Engel. Engelhaftigkeit ist für die meisten Menschen gleichbedeutend mit Zerbrechlichkeit und schönem Schein, aber dies wird der Wahrheit nicht gerecht. Die Bibel beschreibt Engel zumeist als feurige Wesen, die von Feuerkohlen, Kristallen, Saphiren und Quarzen umgeben werden und deren Fußsohlen »leuchten wie der Glanz von geglättetem Erz« (Hesekiel 1/7). Wesen, die den Menschen nicht auf sanfte Weise erscheinen, sondern mit denen die Menschen sich plötzlich konfrontiert sehen. Die Angelika ist anders; sie ist eine Verwandte der Son-

ne, und ihr feuriges Öl leitet einen Strom lebensspendender Energie in Ihre Seele.

> Und als das Tor sich öffnet, strahlt
> Herrliches, helles Licht. Fliegt
> ruhmreich wie auf ein Banner gemalt
> und verkündet: der Feind ist besiegt...
> Lord Byron, ›Der Erzengel‹

Im Griechischen bedeutet *angelos* Bote. Wir befinden uns in der Adventszeit, der Zeit der Ankündigung, in der der Engel Gabriel Maria seine außergewöhnliche Botschaft brachte. Besonders sensible Menschen spüren zuweilen einen Moment lang die Nähe eines Engels, wenn sie den Duft der Angelika einatmen. Solch ein machtvolles Aroma vermag für den Bruchteil einer Sekunde den feingewobenen Vorhang zwischen der Wahrheit und dem, was wir für die Wahrheit halten, zu heben.

Die Angelika ist keineswegs eine wohlriechende Pflanze, aber ihr Duft ermutigt, Fragen zu stellen. Er ist ein bißchen wie das Leben selbst. Manchmal überwältigend, manchmal wunderbar erfrischend. Es ist schwer zu beschreiben, aber er besitzt eine Note, die eine höhere Bewußtseinsebene anspricht. Wie eine kleine Glocke, ein Angelusläuten, ruft er den Menschen zu sich und fragt ihn: ›Woran glaubst du wirklich?‹

> *Wenn man sie auf die Haut aufträgt, dann kann die Angelika Lichtempfindlichkeit auslösen.*

Angelika: Meditation

Verbrennen Sie Angelikaöl nicht in der Duftlampe, sondern geben Sie einfach nur einen Tropfen auf einen Riechstreifen, und atmen Sie den Duft hin und wieder ein. Seine Wirkung kann wie ein Spiegel sein, benutzen Sie also einen als visuelles Hilfsmittel.

Nehmen Sie den Duft in sich auf. Dann legen Sie den Riechstreifen nieder, aber behalten Sie den Duft in Ihrem Bewußtsein. Die Angelika besitzt ein sehr charakteristisches Aroma, und wenn Sie sich einmal daran gewöhnt haben, dann werden Sie auch zu folgender Meditationsübung bereit sein.

Stellen Sie sich einen Spiegel vor: er ist beschlagen. Langsam wird er wieder klar. Darin spiegelt sich ein besonders schöner Mensch, aber Sie können nicht erkennen, wer es ist, ein Mann oder eine Frau? Die Person, die dort reflektiert wird, hält Ihnen einen Spiegel vor das Gesicht. Dieser ist ebenfalls beschlagen. Wenn er klar wird, wen werden Sie wohl darin erkennen?

Wintersonnenwende:
21. Dezember – kürzester Tag

> Du bist wie eine Fackel, heller als das
> Licht der Sterne in der Nacht leuch-
> test Du den Schiffen in der Dunkel-
> heit; Deine Farbe, holde Maid, wie
> Du da an der Pforte zum Pol stehst,
> ist lieblich.
> *Carnelian, ›Der Polarstern‹, 19. Jahrhundert*

Die Sonne ist an ihrem tiefsten Punkt angelangt. Die
Dunkelheit hat über das Licht gesiegt. Die Bäume
sind kahl, die Tage kurz, und die Nächte lang. Schatten ruhen auf dem kalten, gefrorenen Grund. Nur
der Einfluß des Mondes ist standhaft geblieben. Er
bleibt uns erhalten, und unter der Erde erweckt seine
magnetische Kraft bereits einen neuen Zyklus zum
Leben.
An diesem Tag und nur an diesem Tag werden die
prähistorischen Hochaltäre noch heute von den
Strahlen der aufgehenden Sonne beschienen. An diesem, unserem ältesten Fest richtete der frühzeitliche
Mensch seine gesamte Energie darauf, das Licht zu-
rückzurufen. Feuer, Festlichkeit und Weihnachtsker-
zen erinnern uns an diesen uralten und urzeitlichen
Wunsch.
Nun beginnt die Zeit der mystischen Symbole, die bis

zum Dreikönigsabend dauert. Jetzt finden wir das Weihnachtsscheit – das Rad des Lebens; den Weihnachtsbaum – den Baum des Lebens; Mistelzweige – das Symbol für die Vereinigung von Mond und Sonne; Stechpalmenzweige und Efeu: die immergrünen Symbole für die Wiedergeburt; und vieles mehr, einschließlich natürlich Weihrauch, Myrrhe und Gold.

> Er lege das Räucherwerk vor Jahwe auf das Feuer, damit die Wolke des Räucherwerkes die Versöhnungsplatte verhülle, sonst müßte er sterben.
> *Leviticus 16/13*

Weihrauch oder Olibanum
(Boswellia carteri – und andere Arten)

Der reinigende Rauch des Weihrauchs oder Olibanums verbindet die Gläubigen schon seit Jahrtausenden mit den unsichtbaren Welten. Kleine Kügelchen wurden bereits im Grab Tutenchamuns gefunden, und, wie die Myrrhe, spielte er eine wichtige Rolle bei der Beisetzung von Priestern und Königen.

> Wer ist es, die da von der Wüste heraufzieht, Rauchsäulen gleich, umwölkt von Myrrhe und Weihrauch, von allen Würzen des Händlers?
> *Das Hohelied Salomos 3/6*

Wie die Myrrhe handelt es sich bei dem Weihrauch-
baum um einen Wüstenbaum. Sein Familienname
bedeutet ›Trockenes Feuer‹, und das heraussickern-
de Harz setzt ein feines, durchsichtiges Blau frei, das
die intensiven Strahlen der Sonne aufnimmt, sobald
diese die Wüstenfelsen berühren. Sein würziger, bal-
samischer Duft hebt die Stimmung und spendet
Licht. Wenn Sie dieses Öl an einem kalten Wintertag
in eine Duftlampe geben, dann wird es die Atmosphäre mit dem reinen Feuer der Wüstenluft durch-
tränken.

Die Wüste ist ein Ort der Extreme. Alle Kreaturen,
die dort leben, müssen in der Lage sein, die große
Hitze am Tag und die durchdringende Kälte in der
Nacht zu überstehen. Ihrer Widerstandskraft kommt
nur noch die ihrer Pendants in arktischen Regionen
gleich. Solche Orte sind von einzigartiger Schönheit,
und ihre Lebendigkeit ist durchströmt von einer kos-
mischen Aktivität und übernatürlichen Kraft – es ist
kein Wunder, daß die Mystiker dort unter den heiligen Pflanzen Zuflucht suchten.

Die Macht des Weihrauchs besteht darin, daß er die
Grenze zwischen uns und den mystischen, uns be-
kannten Mächten hinwegbrennt. Er wird als reinigen-
des Gold bezeichnet, und tatsächlich reinigt er den
Spiegel, durch den wir unser Leben betrachten, indem er uns einen Durchgang zwischen Vergangenheit, Gegenwart und Zukunft eröffnet. Er verändert

den Blickwinkel, unter dem wir vergangene Erlebnisse betrachten, ohne die lebenswichtige Verbindung zum Verständnis derjenigen Mächte zu zerstören, die unser Leben bestimmen.

Sein ätherisches Öl ist voller Großzügigkeit und läßt uns die Wahl. Wir können uns wohlig in seiner schützenden Umgebung wärmen oder durch ihn unser inneres Feuer wieder entfachen lassen und ihm damit Sinn und Ziel geben – beides steht uns offen. Wenn wir den Duft des Weihrauchs einatmen, dann durchströmt uns ein Gefühl durchdringender Wärme. Er ist besonders gut für die Atmung, weil er einen tieferen und langsameren Atemrhythmus fördert, und stellt eine wirksame Hilfe für Meditationsübungen dar.

Benutzen Sie ihn in Situationen, in denen Kälte, Schwäche oder Tod Sie zu überwältigen drohen, wenn Sie ein aufwühlendes Erlebnis hatten oder einen Trauerfall erlitten haben. Setzen Sie ihn besonders dann ein, wenn Sie sich düsteren Gedanken über die Vergangenheit hingegeben haben; oder einfach nur dann, wenn Sie in höhere Sphären aufsteigen wollen.

Wie alle machtvollen Düfte muß der des Weihrauchs mit dem größten Respekt behandelt werden. Seine Botschaft lautet, daß die Kraft des Universums sich ausschließlich vorwärts bewegt. In der Tat gibt es kein Zurück und darin liegt Freiheit.

Weihrauch: Meditation

Geben Sie ein paar Tropfen vom ätherischen Öl des Weihrauchbaums in eine Duftlampe, die Sie an einem kalten Winterabend auf den Kamin oder, wenn Sie kein offenes Feuer haben, neben die Heizung stellen.

Zünden Sie eine Kerze an. Setzen Sie sich ruhig hin, und beobachten Sie die Kerzenflamme; atmen Sie fünf Minuten lang tief und langsam ein und aus. Der volle Duft des Weihrauchs wird den gesamten Raum erfüllen.

Durch das Fenster mag der Himmel Ihnen schwarz erscheinen, aber das ist er nicht. Er ist indigoblau. Das Schwarz-blau des Indigo enthält verborgene Tiefen und sorgt für Erneuerung. Denken Sie an den Himmel, wie er die Erde umspannt, und behalten Sie dies im Sinn.

Schließen Sie nun Ihre Augen. Fahren Sie fort, tief und regelmäßig zu atmen. Wenn Sie gerade Menschen verloren haben, die Sie geliebt haben, dann denken Sie daran, daß auch sie Teil des Lebenszyklus sind. Sagen Sie den Namen des geliebten Menschen ein paarmal vor sich hin, und wünschen Sie ihm Glück für die Reise.

Morgen werde ich erneut beginnen.

Steinbock

22. Dezember – 21. Januar
(22. Dezember – 31. Dezember)

Der Jahreskreis hat sich geschlossen. Wenn der alte Mond im Sternzeichen des Schützen abnimmt, kehrt der Steinbock zurück, um das Land wieder mit Eis und Schnee zu überziehen. Sein starker, stabilisierender Einfluß spiegelt sich in dem herrlichen, tiefen Grün der Kiefern wider, die sich nun in eindrucksvoller Weise gegen den reinen, weißen Hintergrund abheben. Dies war der Baum, den die Druiden für den 22. Dezember, den ersten Tag, an dem das Licht wieder zunimmt, wählten.

Neumond im Zeichen des Steinbocks: Mond der im Eis verborgenen Wünsche

> Und Jahwe Gott ließ aus dem Erdbo-
> den allerlei Bäume hervorwachsen,
> lieblich anzusehen und gut zu essen,
> den Baum des Lebens mitten im Gar-
> ten und den Baum der Erkenntnis
> des Guten und Bösen.
>
> *Genesis 2/9*

Die Kiefer (Pinus sylvestris – und andere Arten)

Die alles überragende Kiefer stellt die Verbindung zwischen Himmel und Erde dar. Ihre Wurzeln dringen tief ins Erdreich ein, und ihre Zweige recken sich hoch in den Himmel hinauf. Deshalb ist die spirituelle Bedeutung ihrer Statur der Eiche ähnlich, und man nahm an, daß ihr reichhaltiger Saft das Wachstum aller Dinge fördere. Dieser unsterbliche ›Lebensbaum‹ taucht in fast jeder Religion und Kultur auf und ist bei uns zum Weihnachtsbaum geworden.

Die Kiefer gedeiht gut auf den hohen Berghängen der nördlichen Hemisphäre, wo die Luft klar ist. Sie kommt mit wenig Sonne aus und gedeiht auch bei kalten Temperaturen, aber ihr Leben ist deswegen noch lange nicht trostlos. Ein natürlicher Kiefernwald ist in leuchtendes Strahlen, wie durch grünes Glas, getaucht, wenn er das Licht durch seine schimmernden Nadeln reflektiert. Im Winter umgibt einen solchen Wald der Hauch des Mystischen. Es ist, als ob man sich im Inneren einer Kathedrale befände. Doch während des Sommers prickelt er vor Leben und kosmischer Energie, da die Bäume in dieser Zeit diejenige Wärme produzieren, die sie während der kalten Monate am Leben erhält.

Wenn man das ätherische Öl der Kiefer einatmet, dann ist das, als ob ein Energiestrom die Sinne durchströmt und man frische, saubere Bergluft in sich aufnimmt. Dieser Baum *atmet* selbst gerne, und er hilft uns dabei, das ebenfalls zu tun. Im Winter ist frischer Sauerstoff wichtig für jede Zelle.

Der Lebensbaum ist ein Archetypus. Er wird grundsätzlich mit Früchten und Farben dargestellt und ist meist von heiligen Lichtern umgeben. Die Planeten und Sterne, die Farben des gesamten Spektrums, dies sind die Lichter am Weihnachtsbaum. Die Kiefer zeigt uns die Einheit dieser Elemente als ein würdevolles, harmonisches Ganzes, sie hält alles im besten Gleichgewicht.

Wir können eine Menge Dinge von diesem kraftvollen Symbol lernen. Die Kiefer repräsentiert soziale Stabilität, Selbstachtung und Ausdauer, und sie kann uns dabei helfen zu verstehen, warum wir unseren individuellen Weg gewählt haben. Benutzen Sie sie, um Ihren Platz im Plan des Universums zu erkennen.

Kiefer: Meditation

> Eine herrliche Kiefer ist wie Musik
> für mich, nichts muß ich dafür zah-
> len; mit Gott an meiner Seite geht es
> mir zu keiner Zeit schlechter als Dir.
> *Irland anonym, 10. Jahrhundert.*

Geben Sie ein paar Tropfen Kiefernnadelnöl in eine Duftlampe, und zünden Sie die Flamme an.
Setzen Sie sich bequem hin, und schließen Sie die Augen. Stellen Sie sich eine grüne Kiefer vor, die sich wie ein Pfahl aus dem weißen Schnee erhebt.
Um die Kiefer herum sehen Sie die sieben Regenbogenfarben. Rot unten, Violett oben. Nun stellen Sie sich einen zweiten Baum vor, der wie ein weiterer Pfahl durch Ihren eigenen Körper geht. Ordnen Sie die Farben um ihn herum an: Rot unten, Orange im Kreuz; Gelb in der Mitte; Grün zwischen den Schultern; Blau am Hinterkopf; Indigofarben auf der Stirn; Violett auf dem Oberkopf.[8] Jetzt verschmelzen Sie mit dem Baum. Sie werden spüren, daß Sie in der Erde verwurzelt sind – und strecken Sie Ihre Arme

---

8 (Wenn Sie sich die Farben nicht vorstellen können, dann stellen Sie sich das strahlende Grün des Baumes vor dem Hintergrund des weißen Schnees vor.)

aus, so wie sich die Zweige zum Himmel recken. Halten Sie Ihr Rückgrat gerade, aber entspannt. Sie sind von der Zeit losgelöst.

Entspannen Sie Ihre Arme wieder, und atmen Sie den Duft der Kiefernnadeln ein, heben Sie Ihre Brust mit jedem Atemzug, und entspannen Sie sie sanft, wenn Sie ausatmen.

Atmen Sie ein:	Stellen Sie sich einen Stern an der Spitze des Baumes vor, der ein helles, weißes Licht ausstrahlt.
Atmen Sie sanft ein und aus:	Beobachten Sie dieses weiße Licht, wie es nach unten durch die Farben hindurchfließt, durch jede einzelne nacheinander.

Der Baum ist in Licht getaucht; lassen Sie den Duft der Kiefernnadeln zu einem Strom werden, der durch Sie hindurchfließt.

Atmen Sie aus:	Lassen Sie die Farben auflösen, und dann lassen Sie auch den Baum verschwinden, nur das kosmische, weiße Licht bleibt zurück.

Ich bin ein Kind des Universums.

Der Weihnachtstag:
25. Dezember

Die bescheid'ne Rose bringt hervor
den Dorn,
das kleine Schaf das drohende
Horn;
Doch der Lilie Weiß kennt nur Liebe weit und breit,
Kein Dorn, kein Drohen verdirbt
ihr schönes Kleid.

William Blake, ›Die Lilie‹, 18. Jahrhundert

Die weiße Lilie

Man sagt, daß die Lilie im Schatten der Rose stirbt.
Das mag stimmen, sie haßt künstliche Umgebung
und bevölkerte Orte. Die Rose hat sich selbst dazu
hergegeben, daß in der materiellen Welt viel Wind
um sie gemacht wird, aber die Lilie hat abseits vom
geschäftigen Treiben der Welt ihre Natur bis heute
bewahrt. Die Rose erfreut unsere Gärten mit Myria-
den von Düften und Farben, aber die Lilie läßt ihren
zarten Duft über das karge Land hoher, felsiger Bö-
schungen ziehen.

Gemälde von Mutter und Kind bevorzugen die
Rose, aber diejenigen, auf denen die Frohe Botschaft

dargestellt ist, zeigen den Erzengel Gabriel, wie er eine weiße Lilie in der Hand hält.

Wo die fünfblättrige Rose uns den Himmel auf Erden zeigt, macht die sechsblättrige Lilie die Erde zum Himmel.

Meines Wissen existiert bislang kein ätherisches Öl der Lilie, das man käuflich erwerben könnte.

Vielleicht sind wir dafür auch noch nicht reif genug.

Bezugsquellen für ätherische Öle

Colimex GmbH Zentrale
Ringstr. 46
50996 Köln
Tel: 0221 – 35 20 72
Fax: 0221 – 35 20 71

Spinnrad GmbH Zentrale
Am Luftschacht 3a
45801 Gelsenkirchen
Tel: 0209 – 1 70 00–0
Fax: 0209 – 1 70 00–40

Andere nützliche Adressen:

Berufs- und Fachverband
Freie Heilpraktiker e.V.
Kölner Str. 369
40227 Düsseldorf

Anmerkungen

* Edmund Bordeaux-Székely, »Die unbekannten Schriften der Essener« aus dem Englischen übersetzt von Ruth Kühn

* Samuel Taylor Coleridge, »Die Äolsharfe« aus dem Englischen übersetzt von Edgar Mertner

* John Keats, »An die Herbstzeit«, »Ode auf die Melodie« aus dem Englischen übersetzt von Gisela Etzel

* Henry Wadsworth Longfellow, »Hiawatha« aus dem Englischen übersetzt von Ferdinand Freilinggrath

* William Shakespeare, Sonette Nr. 5 und 54 aus dem Englischen übersetzt von Gottlob Regis